Caro aluno, seja bem-vindo!

A partir de agora, você tem a oportunidade de estudar com uma coleção didática da SM que integra um conjunto de recursos educacionais impressos e digitais desenhados especialmente para auxiliar os seus estudos.

Para acessar os recursos digitais integrantes deste projeto, cadastre-se no *site* da SM e ative sua conta.

Veja como ativar sua conta SM:

1. Acesse o *site* <www.edicoessm.com.br>.
2. Se você não possui um cadastro, basta clicar em "Login/Cadastre-se" e, depois, clicar em "Quero me cadastrar" e seguir as instruções.
3. Se você já possui um cadastro, digite seu *e-mail* e sua senha para acessar.
4. Após acessar o *site* da SM, entre na área "Ativar recursos digitais" e insira o código indicado abaixo:

AJCIE-A3HZJ-Z7B6U-A54DY

Você terá acesso aos recursos digitais por 12 meses, a partir da data de ativação desse código.

Ressaltamos que o código de ativação somente poderá ser utilizado uma vez, conforme descrito no "Termo de Responsabilidade do Usuário dos Recursos Digitais SM", localizado na área de ativação do código no *site* da SM.

Em caso de dúvida, entre em contato com nosso **Atendimento**, pelo telefone **0800 72 54876** ou pelo *e-mail* atendimento@grupo-sm.com ou pela internet <www.edicoessm.com.br>.

Desejamos muito sucesso nos seus estudos!

Requisitos mínimos recomendados para uso dos conteúdos digitais SM

Computador	Tablet	Navegador
PC Windows • Windows XP ou superior • Processador dual-core • 1 GB de memória RAM *PC Linux* • Ubuntu 9.x, Fedora Core 12 ou OpenSUSE 11.x • 1 GB de memória RAM *Macintosh* • MAC OS 10.x • Processador dual-core • 1 GB de memória RAM	*Tablet IPAD IOS* • IOS versão 7.x ou mais recente • Armazenamento mínimo: 8GB • Tela com tamanho de 10" *Outros fabricantes* • Sistema operacional Android versão 3.0 (Honeycomb) ou mais recente • Armazenamento mínimo: 8GB • 512 MB de memória RAM • Processador dual-core	*Internet Explorer 10* *Google Chrome 20* ou mais recente *Mozilla Firefox 20* ou mais recente Recomendado o uso do Google Chrome Você precisará ter o programa Adobe Acrobat instalado, *kit* multimídia e conexão à internet com, no mínimo, 1Mb

Aprender juntos

1 DESTAQUE o seu *toy* do encarte.

Siga o modelo para montar o seu *toy*.

2 DOBRE todas as abas com vincos.

3 ENCAIXE as partes do visor com números iguais, unindo uma bolinha verde com uma amarela.

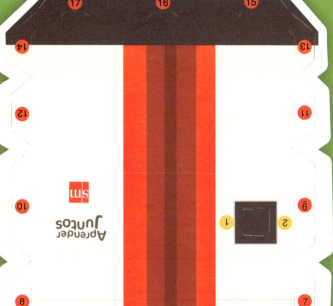

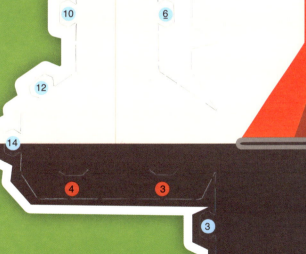

4 ENCAIXE as partes do corpo da máquina com números iguais, unindo uma bolinha azul com uma vermelha.

ESTE MATERIAL É UM COMPLEMENTO DA OBRA *APRENDER JUNTOS* – CIÊNCIAS 3. VENDA PROIBIDA.

Aprender juntos

CIÊNCIAS 3
ENSINO FUNDAMENTAL
3º ANO

CRISTIANE MOTTA
- Bacharela em Ciências Biológicas pela Universidade de São Paulo (USP).
- Licenciada em Ciências 1º Grau e em Ciências Biológicas pela USP.
- Coordenadora de área e professora de Ciências.

ORGANIZADORA: EDIÇÕES SM
Obra coletiva concebida, desenvolvida e produzida por Edições SM.

São Paulo,
5ª edição
2016

Aprender Juntos – Ciências 3
© Edições SM Ltda.
Todos os direitos reservados

Direção editorial	Juliane Matsubara Barroso
Gerência editorial	José Luiz Carvalho da Cruz
Gerência de *design* e produção	Marisa Iniesta Martin
Coordenação pedagógica	Regina de Mello Mattos Averoldi
Edição executiva	Robson Rocha
	Edição: Maria Carolina Checchia da Inês, Graziella Bento
	Apoio Editorial: Flávia Trindade, Camila Guimarães
Coordenação de controle editorial	Flavia Casellato
	Suporte editorial: Alzira Bertholim, Camila Cunha, Giselle Marangon, Mônica Rocha, Talita Vieira, Silvana Siqueira, Fernanda D'Angelo
Coordenação de revisão	Cláudia Rodrigues do Espírito Santo
	Preparação e revisão: Ana Catarina Nogueira, Fátima Valentina Cezare Pasculli, Sâmia Rios, Taciana Vaz, Valéria Cristina Borsanelli
	Marco Aurélio Feltran (apoio de equipe)
Coordenação de *design*	Rafael Vianna Leal
	Apoio: Didier Dias de Moraes e Debora Barbieri
	***Design*:** Leika Yatsunami, Tiago Stéfano
Coordenação de arte	Ulisses Pires
	Edição executiva de arte: Melissa Steiner
	Edição de arte: Bruna Hashijumie Fava
Coordenação de iconografia	Josiane Laurentino
	Pesquisa iconográfica: Bianca Fanelli, Susan Eiko, Thaisi Lima
	Tratamento de imagem: Marcelo Casaro
Capa	Estúdio Insólito e Rafael Vianna Leal sobre ilustração de Carlo Giovani
Projeto gráfico	Estúdio Insólito
Editoração eletrônica	Teclas Editorial
Ilustrações	Al Stefano, AMj Studio, Cecilia Iwashita, Giz de Cera: Tél Coelho, Hiroe Sasaki, Ideário Lab, Oswaldo Sequetin, Paulo Cesar Pereira, Vicente Mendonça
Papertoys	**Ilustração e planificação:** O Silva
	Apoio para orientações pedagógicas: Ana Paula Barranco e Maria Viana
Fabricação	Alexander Maeda
Impressão	Corprint

Dados Internacionais de Catalogação na Publicação (CIP)
(Câmara Brasileira do Livro, SP, Brasil)

Motta, Cristiane
  Aprender juntos ciências, 3º ano : ensino fundamental / Cristiane Motta ; organizadora Edições SM ; obra coletiva concebida, desenvolvida e produzida por Edições SM ; editor responsável Robson Rocha. – 5. ed. – São Paulo : Edições SM, 2016. – (Aprender juntos)

  Suplementado pelo guia didático.
  Vários ilustradores
  Bibliografia
  ISBN 978-85-418-1428-7 (aluno)
  ISBN 978-85-418-1430-0 (professor)

  1. Ciências (Ensino fundamental) I. Rocha, Robson. II. Título. III. Série.

16-03845   CDD-372.35

Índices para catálogo sistemático:
1. Ciências : Ensino fundamental 372.35

5ª edição, 2016
2ª impressão, 2017

Edições SM Ltda.
Rua Tenente Lycurgo Lopes da Cruz, 55
Água Branca 05036-120 São Paulo SP Brasil
Tel. 11 2111-7400
edicoessm@grupo-sm.com
www.edicoessm.com.br

Apresentação

Caro aluno,

Este livro foi cuidadosamente pensado para ajudá-lo a construir uma aprendizagem sólida e cheia de significados que lhe sejam úteis não somente hoje, mas também no futuro. Nele, você vai encontrar estímulos para criar, expressar ideias e pensamentos, refletir sobre o que aprende, trocar experiências e conhecimentos.

Os temas, os textos, as imagens e as atividades propostos neste livro oferecem oportunidades para que você se desenvolva como estudante e como cidadão, cultivando valores universais como responsabilidade, respeito, solidariedade, liberdade e justiça.

Acreditamos que é por meio de atitudes positivas e construtivas que se conquistam autonomia e capacidade para tomar decisões acertadas, resolver problemas e superar conflitos.

Esperamos que este material didático contribua para o seu desenvolvimento e para a sua formação.

Bons estudos!

Equipe editorial

Conheça seu livro

Conhecer seu livro didático vai ajudar você a aproveitar melhor as oportunidades de aprendizagem que ele oferece.

Este volume contém quatro unidades, cada uma delas com três capítulos. Veja como cada unidade está organizada.

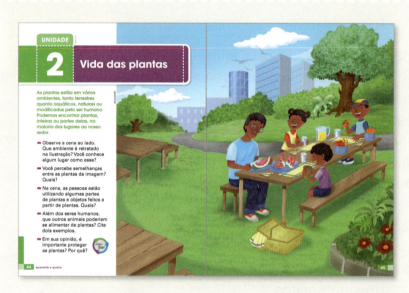

Abertura da unidade

Grandes imagens iniciam as unidades. Aproveite para fazer os primeiros contatos com o tema a ser estudado.

Início do capítulo

Essa página marca o início de um novo capítulo. Textos, tabelas, imagens variadas e atividades vão fazer você pensar e conversar sobre o tema.

Desenvolvimento do assunto

Os textos, as imagens e as atividades dessas páginas permitirão que você compreenda o conteúdo que está sendo apresentado.

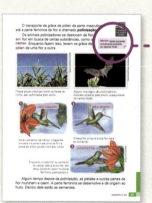

Glossário

Ao longo do livro você encontrará uma breve explicação de algumas palavras e expressões que podem não ser usadas no seu dia a dia.

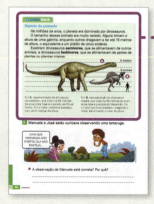

Saiba mais

Conheça outras informações que se relacionam com os assuntos estudados.

Sugestão de *site*

Você vai encontrar sugestões de *sites* relacionados aos temas estudados.

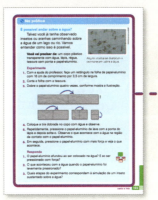

Na prática

Atividades práticas relacionadas ao tema estudado no capítulo. São propostas de fácil execução.

Finalizando o capítulo

As atividades da seção **Agora já sei!** são uma oportunidade para rever os conteúdos do capítulo.

Finalizando a unidade

As atividades práticas propostas na seção **Vamos fazer!** vão ajudar você a entender melhor os assuntos.

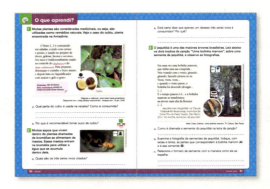

A seção **O que aprendi?** é o momento de verificar o que aprendeu. Dessa forma, você e o professor poderão avaliar como está sua aprendizagem.

Ícones usados no livro

 Atividade em dupla

 Peça a ajuda de um adulto.

 Microscópio
Indica as imagens ampliadas com o auxílio de microscópio.

 Saber ser
Sinaliza momentos propícios para o professor refletir com a turma sobre questões relacionadas a valores.

 Atividade em grupo

 Cores--fantasia

 Escala
Informa os valores médios de comprimento, largura ou altura do ser vivo mostrado na foto.

 OED
Indica que há um Objeto Educacional Digital a ser explorado no livro digital.

 Atividade oral

 Imagens sem proporção de tamanho entre si.

cinco 5

Sumário

UNIDADE 1 — Materiais e invenções

CAPÍTULO 1
A matéria que nos cerca › 10

- **Matéria e material › 11**
  - A matéria ocupa espaço › 12
  - Conhecer o volume › 12
  - **Na prática:** Propriedades da matéria, 12
  - A matéria tem massa › 13
  - Conhecer a massa › 13
- **Estados físicos da matéria › 14**
- **Mudanças de estado físico › 16**
- **Agora já sei! › 18**

CAPÍTULO 2
O ser humano e o uso dos materiais › 20

- **Tipos de material › 21**
  - Propriedades dos materiais › 22
  - Usos dos materiais › 22
  - **Na prática:** É permeável ou impermeável?, 23
- **Materiais do dia a dia › 24**
  - Argila › 24
  - Metais › 25
  - Plástico › 26
  - Vidro › 26
- **Reciclagem de materiais › 27**
- **Transformação dos materiais › 28**
  - Transformações reversíveis › 28
  - Transformações irreversíveis › 29
- **Agora já sei! › 30**

CAPÍTULO 3
Invenções › 32

- **De onde vêm as invenções › 33**
- **As invenções e o dia a dia › 34**
  - Comunicações › 34
  - Meios de transporte › 35
  - Eletricidade › 36
  - Modos de produção › 37
- **Agora já sei! › 38**

VAMOS FAZER!
Balança de dois pratos › 40

O QUE APRENDI? › 42

UNIDADE 2 — Vida das plantas

CAPÍTULO 1
As características das plantas › 46

- **Raiz e caule › 47**
  - Raiz › 47
  - Caule › 48
- **Folhas › 50**
- **Flores, frutos e sementes › 52**
  - Flores › 52
  - Frutos e sementes › 53
- **Agora já sei! › 56**

CAPÍTULO 2
Ciclo de vida das plantas › 58

- **Da semente à planta adulta › 59**
- **Desenvolvimento de flores, frutos e sementes › 60**
  - Partes da flor › 60
  - Como se formam os frutos e as sementes › 60
  - Como as sementes se espalham › 62
- **Surgimento de uma nova planta › 64**
  - Reprodução com sementes › 64
  - Reprodução sem sementes › 65
- **Agora já sei! › 66**

CAPÍTULO 3
As plantas e os outros seres vivos › 68

- **O sustento do planeta › 69**
- **Usos das plantas › 71**
  - Plantas cultivadas › 71
  - Plantas coletadas › 71
  - Alimentos › 73
  - Tecidos › 74
  - Madeira › 74
  - Papel › 75
- **Agora já sei! › 76**

VAMOS FAZER!
Germinação do feijão e do alpiste › 78
Plantar batatas em garrafas › 79

O QUE APRENDI? › 80

UNIDADE 3 — Diversidade dos animais

CAPÍTULO 1
Animais vertebrados › 84

- **Crânio e coluna vertebral › 85**
- **Grupos de animais vertebrados › 87**
  - Peixes › **87**
  - Anfíbios › **88**
  - Répteis › **89**
  - Aves › **91**
  - Mamíferos › **92**
- **Agora já sei! › 94**

CAPÍTULO 2
Animais invertebrados › 96

- **Invertebrados aquáticos › 97**
  - Invertebrados de água salgada › **97**
  - Invertebrados de água doce › **99**
- **Invertebrados terrestres › 100**
  - Invertebrados no solo › **100**
  - Invertebrados que voam › **101**
- **Invertebrados e outros seres vivos › 102**
  - Invertebrados parasitas › **102**
  - Na prática: É possível andar sobre a água?, **103**
- **Agora já sei! › 104**

CAPÍTULO 3
A reprodução dos animais › 106

- **Modos de reprodução › 107**
  - Reprodução com macho e fêmea › **107**
  - Reprodução sem casal › **108**
- **Os animais nascem de diferentes maneiras › 109**
  - Animais ovíparos › **109**
  - Animais ovovivíparos › **110**
  - Animais vivíparos › **111**
- **Desenvolvimento dos animais › 112**
  - Metamorfose › **112**
- **Agora já sei! › 114**

VAMOS FAZER!
Observando as aves › 116

O QUE APRENDI? › 118

UNIDADE 4 — Ser humano e saúde

CAPÍTULO 1
O corpo por dentro e por fora › 122

- **Por dentro do corpo › 123**
  - Órgãos › **123**
  - Esqueleto › **124**
  - Músculos › **125**
- **Examinando o interior do corpo › 126**
- **Revestimento do corpo › 128**
  - Funções da pele › **128**
  - Cuidados com a pele › **129**
  - Anexos da pele › **130**
- **Agora já sei! › 132**

CAPÍTULO 2
A saúde das pessoas › 134

- **Alimentação saudável › 135**
  - Cuidados com os alimentos › **136**
  - Origem dos alimentos › **137**
- **Higiene, sono e lazer › 138**
- **Saúde coletiva › 140**
  - Vacinas › **140**
  - Campanhas de prevenção a doenças › **141**
- **Agora já sei! › 142**

CAPÍTULO 3
Saneamento e saúde › 144

- **Água e saneamento básico › 145**
  - De onde vem a água que usamos? › **145**
  - O caminho da água até as casas › **146**
  - O caminho do esgoto › **147**
- **Lixo e saneameto básico › 148**
  - Para onde vai o lixo? › **148**
  - Falta de saneamento básico › **149**
- **Usar menos água, produzir menos lixo › 150**
  - Reduzindo o desperdício de água › **150**
  - Reduzindo o lixo › **151**
- **Agora já sei! › 152**

VAMOS FAZER!
Remoção de impurezas › 154
A sensibilidade da pele › 155

O QUE APRENDI? › 156

SUGESTÕES DE LEITURA › 158

BIBLIOGRAFIA › 160

UNIDADE 1
Materiais e invenções

Talvez você não perceba, mas a todo momento você usa uma invenção. Lápis, livros, cadernos e até a escrita são invenções humanas.

As invenções, como os automóveis, facilitam a vida das pessoas, mas também podem trazer problemas.

- Quais invenções existem na garagem representada ao lado? Que equipamento você poderia utilizar para registrar essas invenções?

- Monte o *toy* que está no início do livro para brincar de fotógrafo! Na página 161 existem espaços para você produzir três fotos com invenções da imagem ao lado.

- Você sabe do que é feita a bancada onde está apoiado o rádio? Quais objetos da escola onde você estuda são produzidos com esse material?

CAPÍTULO 1 — A matéria que nos cerca

Veja as crianças brincando no parque e converse com os colegas.

1. As duas crianças estão esperando a menina para jogar. O que ela está fazendo com a bola? O que deve ter acontecido?

2. O menino da bicicleta verde parece mais cansado que a menina da bicicleta vermelha. Qual pode ser o motivo?

3. Depois das brincadeiras, provavelmente as crianças ficarão com sede. A água para beber é líquida. Dê outros exemplos de situações em que a água está nesse mesmo estado.

Matéria e material

Você já notou o que existe ao nosso redor?

Tudo o que nos cerca, como o ar, a água da chuva, as plantas de um jardim, o Sol e as construções, é formado por **matéria**. As partes do corpo dos seres vivos também são constituídas de matéria.

O corpo do araçari-banana é formado de matéria, assim como a semente que ele come, a árvore onde está e o ar que respira.

Mas nem tudo o que existe ao nosso redor é igual. Matérias diferentes podem formar **materiais** diferentes, como metal e papel. Os materiais têm propriedades, isto é, características próprias. O vidro, por exemplo, é um material transparente e frágil. O plástico é um material resistente e **impermeável**.

Os materiais são utilizados para produzir objetos do nosso dia a dia, como copos de metal ou vidro, mesas de madeira ou plástico e blusas de lã ou algodão.

Impermeável: que não permite a passagem da água.

1 Observe a figura.

a. Circule as duas xícaras e escreva quais materiais foram usados em sua fabricação. _____

b. Marque com **X** dois objetos feitos de madeira.

onze **11**

▪ A matéria ocupa espaço

Toda matéria ocupa espaço, ou seja, tem **volume**. O volume de um objeto é o espaço que ele ocupa.

Os objetos podem ser empilhados ou colocados lado a lado, mas não podem ocupar um mesmo lugar no espaço.

Essas embalagens têm formatos diferentes, mas têm o mesmo volume.

▪ Conhecer o volume

O volume de um objeto pode ser medido em unidades, como o litro. Essa unidade é representada pelo símbolo **L**.

As embalagens de água, por exemplo, indicam o volume do produto. Neste caso, o volume é 5 litros.

🔧 Na prática

Propriedades da matéria

Um espaço não pode ser ocupado por duas matérias ao mesmo tempo. Vamos testar?

Você vai precisar de: funil, copo transparente, massa de modelar e água.

Experimente

1. Coloque o funil sobre o copo. Preencha o espaço entre a borda do funil e a borda do copo com massa de modelar.
2. Despeje água no funil até que fique cheio.

Responda

1. Em sua montagem, onde existe ar?

___

2. Com os colegas, levante a seguinte hipótese: Por que a água colocada no funil não escorre para dentro do copo?

___
___

A matéria tem massa

Toda matéria tem **massa**.
Quanto mais massa um objeto tem, mais difícil é movê-lo.

A massa do carrinho com as duas crianças é maior que a massa do carrinho com apenas uma criança. Por isso é mais difícil puxar o carrinho azul.

Conhecer a massa

A massa pode ser medida em unidades, como o grama e o quilograma. O símbolo do grama é **g**, e o símbolo do quilograma é **kg**.

Algumas embalagens indicam a massa do produto, que é medida por meio de balanças.

2 As figuras representam uma moeda de alumínio de 5 g e um chumaço de algodão com massa igual à da moeda.

Moeda de alumínio.

Chumaço de algodão.

a. Qual é a massa do chumaço de algodão?

_____

b. Que objeto tem maior volume: a moeda ou o chumaço de algodão? Como você sabe?

_____

_____

treze **13**

Estados físicos da matéria

A matéria pode ser sólida, líquida ou gasosa. Esses são os três estados físicos em que a matéria é encontrada na natureza.

No estado **sólido**, a matéria tem forma definida. Os cubos de gelo que refrescam as bebidas, por exemplo, têm o formato do molde em que a água líquida foi refrigerada. Muitos objetos ao nosso redor estão no estado sólido, como os lápis, as cadeiras e as mesas.

No estado **líquido**, a matéria não tem forma definida. Nesse estado, ela tem a forma do **recipiente** em que está.

Recipiente: objeto que pode conter algo. Exemplos: copo, balde, jarra.

O gelo é água no estado sólido. Nesse estado físico, podemos diferenciar as unidades (cada cubo). Isso não é possível quando a água está no estado líquido.

Água, óleo, leite, mel e suco são exemplos de líquidos.

Os líquidos sempre escorrem se o recipiente estiver furado.

A água no estado líquido assume a forma do recipiente em que está. Ela apresenta formas diferentes dentro do copo e dentro da jarra.

No estado **gasoso**, a matéria também não tem forma definida. Ela fica com a forma do recipiente onde é colocada.

Em geral, os gases são invisíveis, como o gás oxigênio e o vapor de água que existem no ar ao nosso redor.

O ar que sai do corpo dessa menina é colocado dentro da bexiga. A bexiga aumenta de tamanho porque fica cheia de ar.

Imagens sem proporção de tamanho entre si.

Os gases adquirem o formato das bexigas.

1 Observe as fotos ao lado. Qual dos dois pneus precisa de maior volume de ar para ficar cheio? Justifique sua resposta.

_____
_____
_____

Pneu de bicicleta.   Pneu de carro.

2 A foto ao lado mostra um metal chamado mercúrio.

a. Em que estado está esse metal?

_____

b. Cite uma característica desse estado.

_____

Mercúrio.

Atenção!

O mercúrio é perigoso para a saúde e não deve ser tocado, ingerido, nem inalado. Ele só deve ser manipulado por adultos e de acordo com normas de segurança.

quinze 15

Mudanças de estado físico

A matéria pode passar de um estado físico para outro.

Um dos fatores que provocam a mudança de estado é o aumento ou a diminuição da temperatura.

O bronze, quando aquecido e derretido, é despejado em formas. Ao esfriar, ele volta ao estado sólido e fica com o formato do recipiente em que foi despejado.

Por exemplo, o gelo é água no estado sólido. Quando recebe calor, o gelo **derrete** e passa para o estado líquido.

A água também **congela**, ou seja, pode passar do estado líquido para o sólido. Isso acontece quando ela é colocada no congelador ou, naturalmente, em locais onde faz muito frio. A neve, por exemplo, é formada por minúsculos cristais de gelo.

Neve na cidade de São Joaquim, Santa Catarina, 2013.

A água líquida ainda pode **evaporar**, isto é, passar lentamente para o estado gasoso ou estado de vapor. O vapor de água é invisível e está presente no ar.

As roupas secam porque a água que havia nelas passou para o estado gasoso. Você não vê essa mudança de estado porque o vapor de água é invisível.

1 Em certas regiões do país, chove granizo em algumas épocas do ano. Observe a foto e responda às questões.

Granizo em uma rua no município de São Paulo em 2014.

a. Em que estado se encontra a água que forma o granizo?

_____

b. O que acontece com o granizo depois de algumas horas?

_____
_____

2 A grama fica molhada com a chuva. Quando a chuva passa, a grama seca depois de algum tempo. Converse com um colega e responda: Por que isso acontece?

_____
_____
_____

3 Observe a foto ao lado.

a. Como a fatia de limão foi colocada dentro do cubo de gelo?

_____
_____

b. Como podemos retirar a fatia de limão sem quebrar o gelo?

_____
_____

Agora já sei!

1 Marcos fez suco de laranja para os amigos. Ele colocou o suco em um copo e adicionou cubos de gelo.

a. O suco e o gelo são feitos de matéria. Em que estado físico cada um deles está?

_____

b. A figura **3** mostra o que aconteceu logo que Marcos colocou o último cubo de gelo no suco. Descreva e explique a situação mostrada.

_____

_____

c. Com o passar do tempo, o que vai acontecer com o gelo?

_____

2 Observe estas balanças e faça o que se pede.

a. Em que situações estas balanças são usadas?

_____

_____

_____

_____

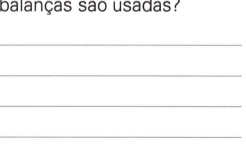

b. Contorne a balança que você usaria para medir sua massa.

3 Uma balança de dois pratos foi usada para comparar a massa de alguns alimentos.

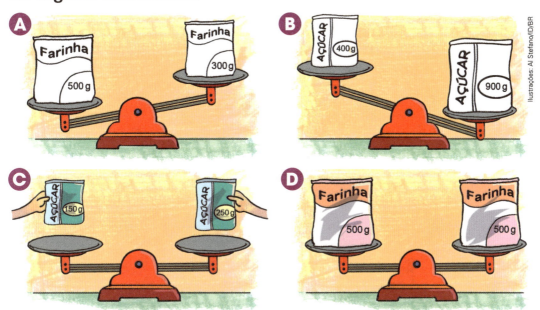

a. Na ilustração **A**, pinte o pacote que tem maior massa.

b. Na ilustração **B**, pinte o pacote que tem menor massa.

c. Observe a ilustração **C**. O que vai acontecer depois que os dois pacotes forem colocados na balança?

_____

_____

d. Observe a ilustração **D**. O que acontece quando os dois pacotes têm massas iguais?

_____

4 Na natureza, a água é encontrada nos três estados físicos. Complete a tabela a seguir.

	Estado físico	Onde é encontrado(a)
Água da chuva	líquido	
Gelo		
Vapor de água		

CAPÍTULO 2 — O ser humano e o uso dos materiais

Ao longo da história, o ser humano utilizou diversos materiais para suas necessidades. Com os colegas, observe a figura de uma construção antiga.

1 Circule os materiais utilizados durante a elaboração dessa construção antiga.

| madeira | pedra | metal | plástico | barro |

2 Observe a escola onde você estuda e o que há nela. Os materiais encontrados são os mesmos representados na figura?

3 Que característica deve ter o material usado para fazer as paredes das construções?

4 Há na escola onde você estuda algum objeto que seria impossível encontrar dentro dessa construção antiga?

Tipos de material

Todos os objetos que usamos são feitos de algum material. Muitas vezes, mais de um material é necessário para produzir um único objeto. Por exemplo, o lápis que você usa para escrever é feito de madeira e grafite.

Alguns materiais podem ser encontrados na natureza e são chamados de **materiais naturais**.

Imagens sem proporção de tamanho entre si.

O algodão é extraído de uma planta.

A lã é extraída do pelo de certos animais, como a ovelha.

O granito é uma rocha usada para fazer pias e pisos. Assim como a lã e o algodão, o granito também é um material natural.

Os **materiais artificiais** são criados pelo ser humano a partir de materiais naturais.

Papel, plástico e vidro são exemplos de materiais artificiais. A produção de materiais pode gerar poluição. O papel, por exemplo, é feito de madeira. As toras de madeira são picadas e, depois, cozidas. Na produção do papel, são usados produtos químicos para quebrar a madeira, retirar as impurezas e branquear o papel. Se, antes de irem para o esgoto, os **resíduos** da indústria não forem tratados, a água, o solo, a vegetação, os animais e os próprios moradores da região podem ser contaminados.

Resíduo: neste caso, o que resta depois de um processo industrial.

Propriedades dos materiais

As características específicas de certos materiais são chamadas de propriedades do material. Por exemplo, existem materiais:

- **duros**, como o diamante, ou **macios**, como o algodão;
- **frágeis**, como o vidro, ou **resistentes**, como o ferro;
- **flexíveis**, como a borracha, ou **rígidos**, como as rochas.

A cor também é uma propriedade dos materiais.

Imagens sem proporção de tamanho entre si.

A borracha é flexível.

As pedras são rígidas. A esmeralda é uma pedra preciosa verde, enquanto o rubi é vermelho.

1 Escreva o significado das palavras **frágil**, **resistente**, **flexível** e **rígido**. Se precisar, consulte um dicionário para responder a esta questão.

_____
_____
_____
_____

Usos dos materiais

É importante conhecer as propriedades de um material para saber de que maneira ele pode ser usado.

Enquanto está úmido, o barro pode ser modelado para fazer diversos objetos. Depois de seco ou cozido, ele se torna rígido.

A madeira é usada para fabricar móveis e outros objetos porque é resistente e pode ser cortada em vários formatos.

Em geral, o ferro e outros metais são resistentes, duros e podem ser derretidos e utilizados para fazer tubos e chapas, por exemplo.

2 Observe as fotos ao lado.

- Qual destes objetos você escolheria para levar à praia? Por quê?

_____
_____
_____

Na prática

É permeável ou impermeável?

A água atravessa alguns materiais, mas é bloqueada por outros. Que tal fazer o teste de permeabilidade sugerido abaixo?

Você vai precisar de: sacola plástica, papel sulfite, papel plastificado, folha de jornal, tecido de algodão, moeda, casca de laranja, conta-gotas com água.

Experimente

1. Coloque os materiais sobre uma superfície que possa ser molhada (como uma mesa de plástico ou a pia da cozinha).
2. Individualmente, pingue uma gota de água sobre cada material e observe.

Responda

1. Quais materiais são permeáveis à água?
_____
_____

2. Quais materiais são impermeáveis à água?
_____
_____

3. Com suas palavras, explique o que é permeabilidade.
_____
_____
_____
_____

Materiais do dia a dia

Alguns materiais comuns em nosso dia a dia são a argila, os metais, o plástico e o vidro.

▬ Argila

A argila, popularmente conhecida como barro, foi um dos primeiros materiais usados pela humanidade. Cada peça de argila era modelada com as mãos e, em seguida, colocada em uma fogueira ou forno para endurecer.

Depois de cozida, a argila passa a ser chamada de **cerâmica**. Atualmente, existem indústrias que fabricam telhas, tijolos, azulejos e outros objetos de cerâmica em grande quantidade.

Os indígenas da ilha de Marajó, no Pará, usavam o barro para fazer muitos objetos. Esse vaso foi feito há mais de quinhentos anos.

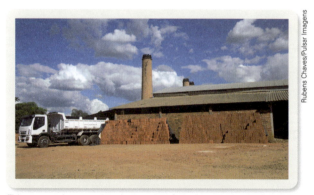

Blocos de cerâmica são fabricados em olarias, como essa localizada em Patrocínio, Minas Gerais, 2014.

Trabalhadores recolhendo telhas cerâmicas após aquecimento. Nazária, Piauí, 2015.

É possível encontrar ainda hoje muitas moradias construídas com argila, como as casas de pau a pique. Nesses casos, o barro é deixado para secar naturalmente, à temperatura ambiente.

Homem construindo casa de pau a pique em Rosário, Maranhão, 2012.

Metais

Existem muitos tipos de metais, como o ferro, o cobre e o alumínio. Na natureza, a maior parte dos metais é encontrada em rochas.

Há muito tempo os seres humanos sabem como extrair alguns metais da natureza.

Para obter os metais encontrados em rochas, como o ferro, elas são **trituradas**. Os pequenos pedaços de rocha são então aquecidos a temperaturas muito altas. Nas usinas siderúrgicas, locais em que esse processo ocorre, o metal derretido é colocado em formas para fabricar barras e chapas.

Extração de ferro na mina Timbopeba, na cidade de Mariana, Minas Gerais, 2013.

Triturado: quebrado em pequenos pedaços, moído.

Fornalhas de usina siderúrgica em Volta Redonda, Rio de Janeiro, 2013.

Nas fábricas, as barras e as chapas de metal são transformadas em vários tipos de objetos.

Pedaço de malaquita, rocha usada para obter cobre.

O cobre é um metal usado para fazer fios, canos e utensílios de cozinha.

Plástico

A maioria dos plásticos é produzida a partir do petróleo, um líquido escuro encontrado no interior de rochas profundas do solo.

Depois de produzido, o plástico aquecido pode ser moldado em diversas formas. Por ser resistente, barato e leve, o plástico é utilizado na fabricação de muitos produtos, até mesmo de alguns objetos que antes eram feitos de metal ou vidro.

Imagens sem proporção de tamanho entre si.

Objetos de plástico.

Vidro

Há milhares de anos, os seres humanos produziam vidro misturando cinzas e areia e aquecendo a mistura.

Ainda hoje, o vidro é obtido de uma mistura de areia e outros materiais, que são aquecidos até derreter. A mistura é colocada em moldes e endurece quando esfria.

O vidro pode ser usado para produção de muitos objetos, como garrafas, janelas, lentes de óculos e lupas.

Vidro aquecido para ser moldado.

1 Troque ideias com os colegas. Antigamente, as garrafas de refrigerante eram feitas de vidro. Hoje, a maioria é feita de plástico. Que vantagens e desvantagens apresentam as garrafas de plástico?

Reciclagem de materiais

Diariamente, milhares de objetos de vidro, papel, metal e plástico são jogados no lixo. Mas muitos desses objetos não devem ser considerados lixo, pois podem ser usados novamente para fazer outros produtos, isto é, podem ser **reciclados**.

Reciclar é uma maneira de economizar os materiais que existem no ambiente. Por exemplo, cada vez que uma garrafa de vidro é reciclada, um pouco de areia deixa de ser retirado da natureza.

Veja o ciclo do material reciclado.

Os materiais recicláveis são separados e levados para um posto de coleta seletiva. Depois vão para as indústrias de reciclagem e são transformados em novos produtos.

Alguns materiais ficam acumulados no ambiente durante muitos anos. A **decomposição** de objetos plásticos, por exemplo, pode levar até 450 anos.

Materiais que demoram muito para se decompor permanecem por um longo tempo na natureza. Portanto, a reciclagem diminui a quantidade de lixo existente.

Decomposição: neste caso, destruição natural da matéria.

O símbolo de reciclável pode ser encontrado em todas as embalagens com essa característica.

1 Daqui a cem anos, alguém poderá encontrar uma garrafa plástica de refrigerante que você usou nesta semana. Você concorda com essa afirmação? Por quê? Converse com os colegas.

Transformação dos materiais

Os materiais se modificam ao longo do tempo. As mudanças podem ser provocadas pelo ser humano, por outros seres vivos ou por outros fatores, como a ação da água, do vento, do gelo e do fogo.

As transformações dos materiais podem ser **reversíveis** ou **irreversíveis**.

▪ Transformações reversíveis

Nas transformações reversíveis, o material pode voltar a ser como era antes da mudança. As mudanças de estado físico são exemplos de transformações reversíveis.

Observe as sequências abaixo.

O chocolate dessa barra será usado para fazer bombons.

O aquecimento faz o chocolate derreter. O chocolate derretido é colocado em formas.

Quando esfria, o chocolate endurece no formato desejado. Os bombons podem ser derretidos novamente.

A forma contém água no estado líquido.

Depois de ficar no congelador, a água passa para o estado sólido e se transforma em gelo.

Fora do congelador, os cubos de gelo derretem e voltam ao estado líquido.

Transformações irreversíveis

As transformações irreversíveis não podem ser desfeitas. Isso significa que, após a transformação, o material não voltará mais a ser como era antes. Acompanhe alguns exemplos.

As características dos alimentos mudam conforme eles são aquecidos. Uma vez cozido, o alimento não fica cru novamente.

A **decomposição** dos materiais também não pode ser revertida. Podemos observar esse processo, por exemplo, ao acompanhar o apodrecimento de um pão. Ele não volta a ficar com o aspecto inicial.

As manchas amarelas e verdes são fungos, seres vivos que decompõem o alimento.

Imagens sem proporção de tamanho entre si.

Ferrugem em abridor de garrafas.

A formação de **ferrugem** é uma transformação natural que acontece no ferro em contato com o gás oxigênio do ar e com a água.

A queima de materiais, como o papel e a madeira, é chamada **combustão**. Depois de queimados, os materiais geralmente se transformam em cinza e fumaça.

Queima de papel.

1 Observe as fotos ao lado.

a. O ovo passou por uma transformação reversível ou irreversível?

_____

b. O que mudou depois da transformação?

_____
_____

vinte e nove 29

Agora já sei!

1 Escreva o nome do material de que são feitos os objetos abaixo. Em seguida, escreva, nos quadrinhos, **N** para os objetos feitos de materiais naturais e **A** para aqueles feitos de materiais artificiais.

_____   _____   _____

_____   _____   _____

2 A foto ao lado mostra o detalhe de um brinquedo em um parque infantil.

a. De que material esse brinquedo é feito?
_____

b. O brinquedo apresenta ferrugem. Como a ferrugem se forma?
_____
_____
_____
_____

c. Em dupla, conversem sobre o que vocês fariam se fossem brincar no parque e encontrassem o brinquedo nessas condições.

3 As fotos abaixo mostram objetos semelhantes aos mostrados na página 26.

Imagens sem proporção de tamanho entre si.

a. Os objetos representados na página 26 são feitos de plástico. Que materiais foram usados para fazer os objetos das fotos acima?

_____

_____

b. Em sua opinião, é vantajoso utilizar o plástico para fazer esses objetos? Por quê?

_____

_____

4 Escolha um objeto composto de, pelo menos, dois materiais e complete a ficha a seguir.

Objeto:

_____

Ele é usado para:

_____

Ele é feito de:

_____

Desenhe aqui o objeto escolhido.

trinta e um **31**

CAPÍTULO 3 — Invenções

Os aviões mudaram muito desde sua invenção?

1. Compare o 14-Bis com os aviões atuais. Que diferenças e semelhanças existem entre eles?

2. Atualmente, de que materiais os aviões são feitos?

3. O avião é um meio de transporte aéreo. Que outros meios de transporte você conhece?

4. No caderno, faça um desenho de como você imagina que será o avião do futuro. Indique com uma seta a grande novidade que ele terá.

De onde vêm as invenções?

Diariamente, pessoas do mundo todo usam objetos que foram inventados por alguém. Algumas invenções são resultado de pesquisas, outras acontecem ao acaso.

Os aviões mostrados na abertura deste capítulo são exemplos de invenção criada e desenvolvida pelos seres humanos. Às vezes, muitos cientistas trabalham durante anos para que uma invenção dê certo. E, mesmo depois de prontos, os inventos continuam sendo melhorados e aperfeiçoados ao longo do tempo, como é o caso do avião. O lápis, a bicicleta, o telefone e o computador são outros exemplos de invenções.

+ SAIBA MAIS

A invenção do picolé

O picolé foi inventado por acaso em 1905, na cidade de São Francisco, nos Estados Unidos. Em uma noite com baixas temperaturas, Frank Epperson, um menino de 11 anos de idade, esqueceu ao ar livre um copo de suco de frutas com uma vareta dentro. No dia seguinte, o suco estava congelado e a vareta, presa no gelo, formando o picolé.

Fonte de pesquisa: Instituto de Tecnologia de Massachusetts, Estados Unidos. Disponível em: <http://linkte.me/gm970>. Acesso em: 15 jan. 2016.

1 Leia as legendas abaixo e descubra quais são as duas invenções. Em seguida, desenhe essas invenções e escreva o nome delas.

Invenção que utiliza energia elétrica para iluminar ambientes e, em geral, é fixada no teto das casas.

Objeto que auxilia na limpeza dos dentes. Possui cabo e cerdas, em que se põe a pasta de dentes para a escovação.

As invenções e o dia a dia

As invenções podem ajudar a resolver problemas do dia a dia ou facilitar a realização de alguma tarefa.

A seguir, veja alguns exemplos de invenções e suas aplicações.

A geladeira é uma invenção que permite conservar os alimentos por mais tempo.

▪ Comunicações

A **escrita** foi uma importante invenção humana. Ela permite a comunicação entre as pessoas e também o registro de informações. Textos escritos há milhares de anos revelam o modo de vida das pessoas daquela época.

Atualmente, informações importantes vindas de todo o mundo são transmitidas por meios de comunicação, como o rádio, a televisão, a internet, os livros, os jornais e as revistas.

Um computador ligado à internet permite mandar mensagens para as pessoas.

É possível conversar a distância por meio do telefone.

1 Antes da invenção da geladeira, as pessoas já usavam certas técnicas de conservação dos alimentos. Entreviste um adulto para saber como os doces e os salgados eram conservados. Depois, compartilhe as informações com os colegas.

Meios de transporte

Os meios de transporte são usados para levar pessoas e objetos de um lugar para outro. Podem ser terrestres, aéreos ou aquáticos.

Antes da invenção dos motores, os meios de transporte eram movidos por animais ou pelo vento, por exemplo. Os meios de transporte modernos, movidos a motor, são mais rápidos e seguros. Porém, muitos deles poluem o ar ao queimar combustíveis.

Navios são exemplos de meio de transporte aquático. Já o caminhão é um meio de transporte terrestre, como carros e bicicletas.

A invenção dos meios de transporte exigiu também o desenvolvimento de outras estruturas, como aeroportos. Brasília, 2014.

2 Observe a pintura *Poucos trabalham, muitos se divertem*, de Lia Mittarakis, feita em 1987.

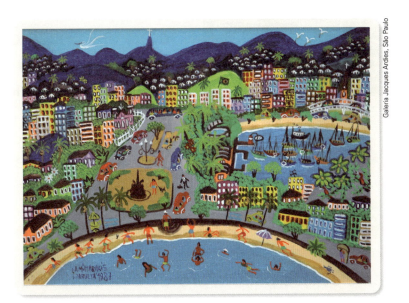

a. Quais tipos de meio de transporte estão presentes?

b. Qual meio de transporte não foi representado?

Eletricidade

Na natureza, a **eletricidade** existe nos raios que vemos durante tempestades, por exemplo. Ela foi descoberta pelo cientista estadunidense Benjamin Franklin, há mais de 250 anos.

Atualmente, muitas invenções utilizam a eletricidade como fonte de energia.

Cidade de São Caetano do Sul, em São Paulo, iluminada por energia elétrica e sendo atingida por raio em 2015.

Usina hidrelétrica de Itaipu, em 2014. Essa usina foi construída no rio Paraná, na cidade de Foz do Iguaçu, Paraná.

No Brasil, a maior parte da energia elétrica é obtida em usinas hidrelétricas. De lá, a energia elétrica percorre um conjunto de fios até chegar às casas, às indústrias e a outros locais de consumo.

Os **aparelhos elétricos** conectados a tomadas, como o ferro de passar, e as lâmpadas são invenções que funcionam graças à energia elétrica.

+ SAIBA MAIS

Cuidados com a eletricidade

Os choques elétricos podem provocar queimaduras e até levar à morte. Para evitá-los, não coloque objetos em tomadas, não toque em fios caídos no chão nem solte pipas perto de postes e fios elétricos. Nunca tente pegar uma pipa que ficou presa a um fio elétrico!

Modos de produção

De acordo com a maneira como é fabricado, um invento pode ser **artesanal** ou **industrializado**.

Em geral, cada produto artesanal é feito por uma ou poucas pessoas. Usando as próprias mãos ou ferramentas simples, a mesma pessoa pode fazer o objeto do começo ao fim.

Mulher produzindo tecido com fios trançados em equipamento manual, cidade de São Paulo, 2012.

A produção industrial acontece em fábricas ou indústrias. Muitas pessoas trabalham para fazer um único produto e cada pessoa faz uma parte do trabalho. Por exemplo, em uma indústria de automóveis existem funcionários responsáveis apenas pela pintura dos carros. Além dos funcionários, máquinas avançadas fazem parte do trabalho.

Fábrica de tecidos brasileira.

3 A foto ao lado mostra a produção de peças moldadas em barro.

a. Essas peças são produtos artesanais ou industrializados?

b. Telhas e tijolos também são feitos de barro. Você acha que eles são produzidos da mesma maneira que essas peças?

Agora já sei!

1 Observe o objeto da foto abaixo e responda às questões. Se precisar, peça ajuda a um adulto.

a. Qual é o nome desse objeto?

_____

b. Em que época ele foi mais utilizado?

_____

_____

c. Como funcionava?

_____

d. Hoje, quais são as facilidades dos aparelhos semelhantes a esse?

_____

_____

_____

e. Procure em jornais e revistas uma fotografia da versão atual desse objeto e cole a imagem no caderno.

2 Leia o texto a seguir e sublinhe o meio de transporte escolhido para ir à Lua.

— Quero ir para a Lua! — Carla exclamou, na hora do café da manhã.
Todos ficaram calados.
— Para a Lua? — estranhou Vicente.
— Isso mesmo, para a Lua! — confirmou Carla. — Quem topa me ajudar?
De início, as crianças **hesitaram**, mas depois do café todos acabaram indo para a frente da casa. Eles passaram a noite toda serrando, martelando, parafusando e... brigando.
Quantas **barricas** deveriam ser usadas na construção do foguete? Quantas janelas o foguete deveria ter? Onde? Quem subiria a bordo além de Carla? [...]

Hesitar: duvidar, não estar seguro.
Barrica: barril de madeira.

Joachim Hecker. *A casa dos pequenos cientistas*: experimentos interessantes para você mesmo fazer. São Paulo: WMF Martins Fontes, 2011. p. 29.

3 Leia o texto abaixo e responda às questões.

[...] Em outubro de 1906, Alberto Santos-Dumont, em Paris (lá na França), fez voar o primeiro avião, o 14-Bis.

Esse mineiro [...] foi um homem muito **persistente**, tentou muitas vezes, voou, caiu, sofreu muitos acidentes; mas jamais desistiu. Seu esforço valeu a pena! Em 23 de outubro de 1906, ele conseguiu! Fez um voo espetacular com o avião 14-Bis, que recebeu esse nome por ser sua 14ª tentativa. [...]

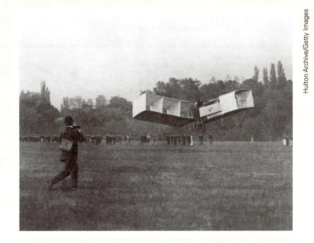

14-Bis, construído por Santos-Dumont.

Persistente: que insiste em fazer algo, que não desiste.

O pai da aviação. Plenarinho, 3 nov. 2006. Disponível em: <http://linkte.me/m7ik3>. Acesso em: 4 jan. 2016.

a. Por que o avião 14-Bis recebeu esse nome?
_____
_____

b. Você acha que a persistência é importante para um inventor? Por quê?
_____
_____

4 Observe atentamente a imagem. Escreva abaixo uma recomendação aos responsáveis por esse bebê.

_____
_____
_____
_____

Vamos fazer!

Balança de dois pratos

Você vai construir uma balança para comparar as massas de objetos diferentes.

Do que você vai precisar

- um cabide de roupas
- linha ou barbante
- dois clipes para papel
- dois copos de café
- tesoura com pontas arredondadas
- régua
- moedas, borrachas, apontadores ou outros objetos que caibam nos copos

Como fazer

1. Corte dois pedaços de barbante com cerca de 25 cm de comprimento.

2. Passe uma ponta do barbante por dentro do clipe para papel e dê um nó.

3. Amarre a outra ponta na base do cabide.

4. Com a tesoura, faça um pequeno corte na lateral do copo, perto da borda.

Imagens sem proporção de tamanho entre si.

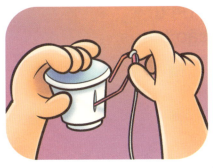  

5. Abra o clipe com cuidado para não se ferir. Passe a ponta do clipe aberto pelo corte que você fez no copo. Repita os procedimentos 2, 3, 4 e 5 com o outro copo.

6. Pendure o cabide na maçaneta de uma porta ou em um prego previamente fixado na parede. Observe na ilustração acima a posição em que o cabide deve ser pendurado.

7. Mova os barbantes até que a base do cabide fique bem horizontal.

Vamos fazer o registro

1 Desenhe no caderno como está a balança.

2 Coloque uma borracha de seu material escolar em um dos copos. O que acontece com a balança?

3 O que você deve fazer para que a balança fique equilibrada novamente? Teste sua ideia e descreva o que ocorreu.

4 Você pode usar a balança para comparar as massas de vários objetos.

- Quantos clipes para papel são necessários para equilibrar a massa de um apontador? Teste sua ideia.

5 Em sua opinião, o que vai acontecer com a balança se você colocar uma moeda de 10 centavos em cada copo?

O que aprendi?

1 Contorne os objetos que são feitos de mais de um material e escreva de quais materiais eles são feitos.

Imagens sem proporção de tamanho entre si.

_____
_____
_____

2 Como o calor é usado para fabricar peças de cerâmica, vidro, plástico e metal?

_____
_____
_____

3 Observe dois meios de transporte utilizados antigamente, antes da invenção dos motores.

_____   _____

a. Escreva o que move esses meios de transporte na linha abaixo de cada imagem.

b. Qual transporte atual tem menos massa: ônibus ou bicicleta?

_____

4 Leia o texto abaixo e responda às questões.

> Muito antes de você nascer [...] não existiam coisas como toalhas ou guardanapos de papel. As pessoas usavam pano. Naquela época tudo era usado muitas vezes. Na verdade, a maioria das pessoas jamais imaginaria jogar fora uma coisa depois de usá-la apenas uma vez.
>
> Mas hoje em dia temos uma grande quantidade de coisas feitas especialmente para jogar fora após um único uso; nós as chamamos de "descartáveis". [...]

The Earth Works Group. *50 coisas simples que as crianças podem fazer para salvar a Terra.* 16. ed. Rio de Janeiro: José Olympio, 2010. p. 38.

a. Hoje em dia, muitos objetos são descartáveis. E antigamente, os objetos também eram descartáveis?

b. Em sua casa, os materiais descartáveis são separados para reciclagem? Como isso é feito?

5 Conhecer a massa de uma criança é uma maneira de saber se ela está se desenvolvendo de maneira adequada. O gráfico abaixo mostra a massa de Gabriela, desde o nascimento até os 5 anos.

a. Desde o nascimento até os 5 anos, a massa de Gabriela aumentou, diminuiu ou permaneceu a mesma? Como vocês sabem?

b. Qual era a massa de Gabriela aos 3 anos?

c. Você sabe qual é sua própria massa?

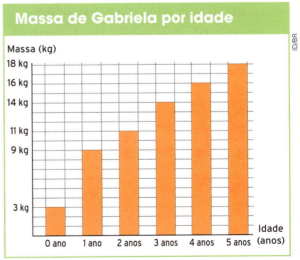

Dados obtidos pelo médico de Gabriela.

UNIDADE 2
Vida das plantas

As plantas estão em vários ambientes, tanto terrestres quanto aquáticos, naturais ou modificados pelo ser humano. Podemos encontrar plantas, inteiras ou partes delas, na maioria dos lugares ao nosso redor.

- Observe a cena ao lado. Que ambiente é retratado na ilustração? Você conhece algum lugar como esse?

- Você percebe semelhanças entre as plantas da imagem? Quais?

- Na cena, as pessoas estão utilizando algumas partes de plantas e objetos feitos a partir de plantas. Quais?

- Além dos seres humanos, que outros animais poderiam se alimentar de plantas? Cite dois exemplos.

- Em sua opinião, é importante proteger as plantas? Por quê?

CAPÍTULO 1 — As características das plantas

Com os colegas, observe as crianças cuidando do jardim.

1. Circule uma planta jovem. Quais partes da planta é possível encontrar?

2. É possível ver alguma planta com frutos? Ela parece ser jovem ou adulta?

3. O que as crianças estão plantando? Descreva o que deve acontecer nesse local com o passar do tempo.

Raiz e caule

A maioria das plantas tem raiz, caule, folhas, flores, frutos e sementes. Cada uma dessas partes tem função diferente na vida das plantas.

As partes das plantas.

◼ Raiz

As plantas terrestres estão presas ao solo por meio da raiz. É pela raiz que a planta absorve os nutrientes de que necessita.

Em geral, as raízes das plantas terrestres penetram no solo e, por isso, são chamadas de raízes **subterrâneas**. Algumas plantas têm raízes **aéreas**, ou seja, que crescem acima do nível do solo.

Orquídea com sua raiz aérea fixada ao tronco de uma ávore, que tem raiz subterrânea.

Algumas raízes subterrâneas, como o rabanete, armazenam alimento para a planta.

As raízes **aquáticas** estão presentes em plantas que vivem na água. Essas raízes ficam submersas e retiram os sais minerais da água.

A alface-d'água flutua na água porque suas raízes não são fixas ao fundo.

quarenta e sete **47**

Caule

A mistura de água e sais minerais absorvida pelas raízes é transportada até as folhas pelo caule. Ele também leva substâncias produzidas nas folhas para as outras partes da planta.

Outra função do caule é sustentar as folhas, as flores e os frutos. Certos caules, como algumas raízes, também armazenam nutrientes produzidos pelas plantas.

Imagens sem proporção de tamanho entre si.

O caule das árvores, como o dessa imbuia, é chamado de tronco.

O caule da cana-de-açúcar armazena açúcares.

Existem diferentes tipos de caules. Os caules que crescem acima do solo, como os troncos das árvores, são chamados de **caules aéreos**. Outros ficam enterrados no solo e recebem o nome de **caules subterrâneos**.

O maracujazeiro tem caule fino, que pode crescer apoiado em suportes.

O caule subterrâneo da batata-inglesa armazena nutrientes para a planta.

caule

Existem ainda os **caules aquáticos**, que ficam dentro da água.

A elódea é uma planta aquática que tem caule verde e delicado.

1 Um professor colocou a mesma quantidade de água em dois jarros e marcou o nível do líquido. Em um dos jarros, ele colocou a muda de uma planta, mantendo a raiz mergulhada na água. Após alguns dias, ele observou que o nível de água havia baixado nos dois jarros e que o jarro com a planta tinha menos água, como mostram as figuras abaixo.

■ Converse com os colegas sobre o que aconteceu com a água. Por que houve diferença entre os dois jarros?

2 Muitas pessoas tomam caldo de cana. É uma bebida açucarada produzida a partir da cana-de-açúcar.

a. Qual parte da planta é usada para fazer o caldo de cana?

b. Você costuma comer alguma raiz de planta? Qual?

Folhas

A maioria das folhas possui uma substância verde chamada de **clorofila**. Caules e frutos jovens também podem ter essa substância.

A clorofila é importante para a **fotossíntese**. É por meio da fotossíntese que a planta produz o alimento de que necessita. Para isso, ela precisa da água absorvida pelas raízes, do gás carbônico que existe no ar e de luz. O Sol é fonte de luz para a planta produzir o próprio alimento.

Caule de macieira com broto de folhas.

A presença de clorofila é responsável pela cor verde das folhas.

Folhas avermelhadas ou de outras cores têm outras substâncias coloridas, além da clorofila.

Quando as folhas envelhecem, elas secam e caem. A cor amarelada das folhas envelhecidas muitas vezes é um sinal de que elas já não possuem clorofila e, assim, não produzem mais alimento para a planta.

Produzir alimento por meio da fotossíntese é uma das funções das folhas. É também pelas folhas que as plantas transpiram.

Existem folhas de diversos formatos e tamanhos. Veja alguns tipos de folha nas fotos abaixo.

A corda-de-viola tem folhas em forma de coração.

As folhas da vitória-régia flutuam na água.

A folha da violeta tem aparência aveludada.

As folhas do pinheiro-bravo são longas, finas e pontiagudas.

⊕ SAIBA MAIS

Plantas carnívoras

Além de produzir alimento e realizar respiração, as folhas de algumas plantas têm mais uma função: capturar insetos e outros animais pequenos. Essas plantas, chamadas **carnívoras**, vivem em solos com poucos sais minerais. Após a captura, os animais são digeridos e fornecem os sais minerais adicionais de que a planta precisa.

Nas folhas da drósera, existe uma substância pegajosa que prende animais pequenos.

1 Por que o verde é a cor dominante nas florestas?

_____

_____

2 Nas folhas acontecem dois processos muito importantes para a sobrevivência das plantas. Quais são esses processos?

_____

Flores, frutos e sementes

Em geral, flores, frutos e sementes se desenvolvem apenas em certas épocas do ano. Essas partes das plantas estão relacionadas à reprodução.

Flores

Existem diversos tipos de **flor**, com cores, formas e tamanhos variados. Muitas são coloridas e têm perfume, como a rosa e a camélia. Outras, como as flores da grama e da aveia, são pequenas, pouco vistosas e sem cheiro.

A camélia é uma planta muito apreciada nos jardins por causa de seu perfume.

As flores da grama são pequenas e não têm perfume.

Em muitas plantas, as flores ficam separadas umas das outras, como na roseira. Mas há casos em que as flores estão agrupadas, como no jerivá e no girassol.

O jerivá produz cachos de flores.

O miolo do girassol é formado por um conjunto de flores muito pequenas, encostadas umas nas outras.

As flores podem dar origem a frutos com sementes.

1 Reúna-se com um colega e juntos façam no caderno uma lista das flores que vocês conhecem.

Frutos e sementes

Os **frutos** protegem as sementes, que ficam em seu interior. Alguns frutos, como a laranja e o mamão, têm muitas sementes. Outros, como a manga e o abacate, têm apenas uma semente.

O cacau e a goiaba são exemplos de frutos carnosos, isto é, com polpa. Existem também frutos secos, como a vagem do feijão.

O amendoim é uma semente que fica dentro de um fruto seco, popularmente conhecido como casca.

O abacate é um fruto carnoso que contém apenas uma semente em seu interior, popularmente conhecida como caroço.

Nem todos os frutos têm sabor doce. Tomate, abobrinha, pepino, jiló, quiabo e pimentão são exemplos de frutos.

Pé de tomate em **A**. Em **B**, tomate cortado e suas sementes.

2 Muitos animais, incluindo o ser humano, se alimentam de frutos. Na imagem ao lado, a ave está comendo o fruto do mamoeiro. Como é o interior do fruto?

_____
_____
_____

3 Escreva **S** para os frutos secos e **C** para os frutos carnosos.

Mamão.   Amêndoa.   Vagem.   Manga.

Muitas **sementes**, como feijão, soja e ervilha, são nutritivas e consumidas por seres humanos e outros animais. Sementes de soja, de girassol e de outras plantas também são usadas para fabricar óleo.

Em condições favoráveis, as sementes podem se desenvolver e dar origem a uma nova planta. Para que isso aconteça, as sementes precisam, em geral, de água, ar e temperatura adequada.

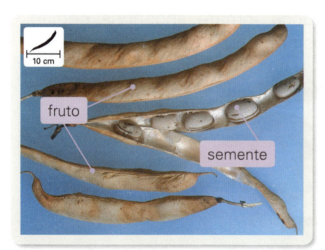

As sementes do feijão ficam no interior de frutos secos, chamados de vagens.

Pinhão, semente de araucária, partido ao meio.

4 Encontre e indique, com setas ou traços, as sementes nos frutos das imagens abaixo.

Pepino.

Quiabo.

Pimentão.

+ SAIBA MAIS

Plantas sem flor, fruto e semente

A maioria das plantas apresenta raiz, caule, folhas, flores, frutos e sementes. Mas existem plantas que não têm todas essas partes.

Os musgos, as samambaias e as avencas, por exemplo, não apresentam flores, frutos e sementes.

Pinheiros e araucárias produzem sementes, mas não apresentam frutos. As sementes dessas plantas são chamadas de sementes nuas, porque não ficam dentro de frutos.

Os pinhões são as sementes da araucária.

5 A gravura ao lado chama-se *Frutas do Brasil*. Foi feita por Jean-Baptiste Debret, um artista francês que viveu no Brasil por vários anos.

- Observe a pintura e escreva o nome das frutas que você reconhece.

_____
_____
_____

cinquenta e cinco 55

Agora já sei!

1 Leia atentamente o poema "Cidadezinha qualquer", de Carlos Drummond de Andrade.

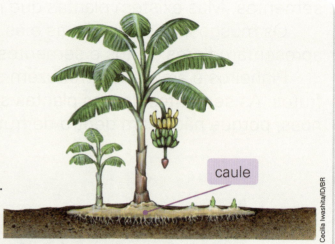

Casas entre bananeiras
mulheres entre laranjeiras
pomar amor cantar.

Um homem vai devagar.
Um cachorro vai devagar.
Um burro vai devagar.
Devagar... as janelas olham.

Eta vida besta, meu Deus.

Carlos Drummond de Andrade. *Poesia 1930-62*: Alguma poesia a Lição de coisas. São Paulo: Cosac Naify, 2012.

a. Quais seres vivos foram citados no texto?

_____

_____

b. Qual é o tipo de caule da bananeira?

_____

c. Circule os frutos da bananeira.

2 Observe a situação ilustrada abaixo e responda: O que a menina disse está correto? Por quê?

VOCÊ JÁ COMEU PINHÃO? É UM FRUTO MUITO GOSTOSO.

_____

_____

3 Leia o poema abaixo.

[...]
Feijão-branco na salada
Para dar disposição
Pra fazer a feijoada
Feijão-preto de montão.
[...]
Também tem feijão-de-corda
Que é o mesmo que o fradinho
O *moyashi* e o rajado
Feijão jalo e o roxinho
[...]

César Obeid. *Rimas saborosas*. São Paulo: Moderna, 2009. p. 28.

a. O feijão corresponde a que parte da planta?

_____

b. Você conhece alguns dos diferentes tipos de feijão citados no texto? Quais?

_____

_____

c. Junte-se a três colegas e pesquisem quais são os tipos de feijão do local em que vocês vivem. Descubram o nome dos feijões e suas características e procurem trazer amostras de cada um deles. Façam um cartaz com as informações coletadas e apresentem os resultados da pesquisa aos colegas da sala.

4 Se você e um colega fossem escolher uma flor para enfeitar e perfumar o ambiente, qual das duas plantas abaixo escolheriam? Por quê?

Aveia.

Crisântemos.

CAPÍTULO 2 — Ciclo de vida das plantas

As fotos abaixo mostram algumas etapas do desenvolvimento de uma semente de fava, até se tornar uma pequena planta.

1 Qual é a primeira parte da planta que se desenvolve e sai da semente?

_____

2 O que você acha que vai acontecer com essa planta nas próximas semanas?

_____
_____
_____

3 No caderno, faça um pequeno texto explicando o desenvolvimento da semente de fava, de acordo com as fotos.

Da semente à planta adulta

Assim como outros seres vivos, as plantas nascem, crescem e se desenvolvem, podem se reproduzir e morrem.

A maioria das plantas nasce de uma semente, que se desenvolve até virar uma pequena planta. Para continuar crescendo, ela precisa de luz, ar, água e sais minerais que existem no ambiente.

Quando se tornam adultas, muitas plantas produzem flores. As flores podem dar origem a frutos com sementes, e as sementes têm a capacidade de originar novas plantas. Depois de um tempo, que varia de acordo com a planta, ela morre. Esse é o **ciclo de vida** de uma planta.

1 Destaque as figuras da página 169 do encarte e cole cada uma delas nos espaços abaixo, ordenando corretamente o ciclo de vida da laranjeira.

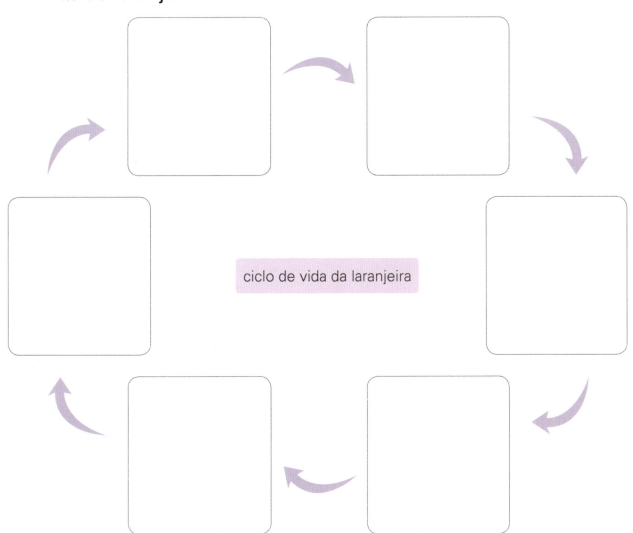

ciclo de vida da laranjeira

Desenvolvimento de flores, frutos e sementes

A produção de flores, frutos e sementes é uma etapa importante do ciclo de vida das plantas, pois está relacionada com a reprodução.

É por meio da reprodução que uma planta dá origem a outras plantas.

▬ Partes da flor

A maioria das plantas produz flores em algum momento da vida. As flores participam da reprodução da planta e são elas que dão origem aos frutos.

Observe a figura de uma flor representada em corte.

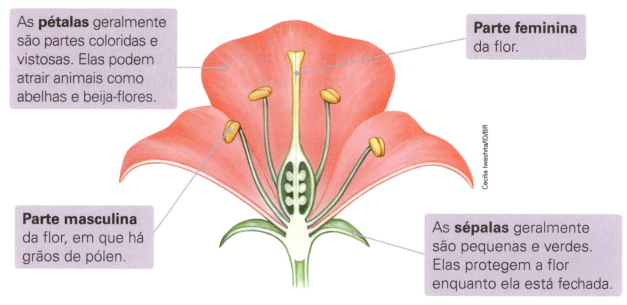

As **pétalas** geralmente são partes coloridas e vistosas. Elas podem atrair animais como abelhas e beija-flores.

Parte feminina da flor.

Parte masculina da flor, em que há grãos de pólen.

As **sépalas** geralmente são pequenas e verdes. Elas protegem a flor enquanto ela está fechada.

Apenas as partes femininas e masculinas participam diretamente da reprodução. As outras partes protegem a flor ou atraem animais para ela.

▬ Como se formam os frutos e as sementes

A parte masculina da flor produz pequenos grãos, chamados de **grãos de pólen**.

Para que a semente se forme, é preciso que os grãos de pólen sejam transportados da parte masculina até a parte feminina da flor.

grãos de pólen

Grãos de pólen produzidos na parte masculina da flor.

O transporte de grãos de pólen da parte masculina até a parte feminina da flor é chamado **polinização**.

Os animais polinizadores se deslocam de flor em flor em busca de certas substâncias, como o **néctar**. Enquanto fazem isso, levam os grãos de pólen de uma flor a outra.

Néctar: líquido açucarado normalmente produzido por algumas flores.

Flores pouco vistosas, como as flores do milho, são polinizadas pelo vento.

Alguns morcegos são polinizadores. Eles são atraídos pelo cheiro desagradável de certas flores.

Ao se alimentar de néctar, o beija-flor encosta na parte masculina da flor e grãos de pólen grudam em seu corpo.

O beija-flor procura outra flor para se alimentar.

Enquanto o beija-flor se alimenta do néctar dessa outra flor, ele deixa grãos de pólen na parte feminina, polinizando-a.

Algum tempo depois da polinização, as pétalas e outras partes da flor murcham e caem. A parte feminina se desenvolve e dá origem ao fruto. Dentro dele estão as sementes.

As pétalas da flor de melancia da foto ao lado já caíram, e o fruto começa a se desenvolver. Isso acontece também com flores de outras plantas, como o maracujazeiro.

No esquema abaixo, é possível ver as etapas da polinização da flor até o amadurecimento do maracujá.

Flor de melancia.

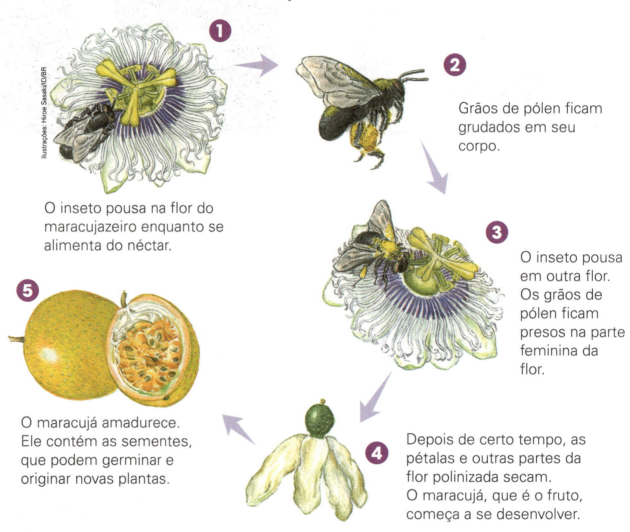

1. O inseto pousa na flor do maracujazeiro enquanto se alimenta do néctar.

2. Grãos de pólen ficam grudados em seu corpo.

3. O inseto pousa em outra flor. Os grãos de pólen ficam presos na parte feminina da flor.

4. Depois de certo tempo, as pétalas e outras partes da flor polinizada secam. O maracujá, que é o fruto, começa a se desenvolver.

5. O maracujá amadurece. Ele contém as sementes, que podem germinar e originar novas plantas.

Como as sementes se espalham

Quando os frutos estão maduros, as sementes em seu interior estão prontas para dar origem a uma nova planta.

Algumas sementes se desenvolvem perto da planta de origem. Outras são levadas para longe, carregadas pela água, pelo vento ou por animais.

Veja como as sementes destas plantas são espalhadas.

Quando está maduro, o fruto da mamona se abre e lança as sementes para longe.

Depois que o fruto seco da espatódea se abre, as sementes são dispersadas pelo vento.

Imagens sem proporção de tamanho entre si.

A cutia come frutos carnosos, e as sementes são eliminadas em suas fezes. Ao se locomover, a cutia espalha essas sementes.

O carrapicho é um fruto seco. Possui muitos espinhos pequenos que grudam no corpo de animais ou na vestimenta de pessoas. Assim, a semente é levada para longe.

1 Além de promover a polinização, de que outro modo os animais podem participar da reprodução das plantas?

_____
_____
_____
_____

Surgimento de uma nova planta

Uma nova planta pode se desenvolver de uma semente ou de outras partes, como folhas, pedaços de caule ou raiz.

Imagens sem proporção de tamanho entre si.

▪ Reprodução com sementes

Para dar origem a uma nova planta, a semente precisa de gás oxigênio, água e temperatura adequada.

Quando a semente está em um ambiente com essas condições, ela pode se desenvolver. O desenvolvimento da semente em uma nova planta é chamado de **germinação**.

Germinação de semente de alpiste. Em geral, a raiz é a primeira parte que se desenvolve.

As sementes contêm uma reserva de alimento, que é usada pela planta nos primeiros dias após a germinação.

Depois que a reserva nutritiva acaba, as plantas jovens são capazes de produzir o próprio alimento por meio da fotossíntese.

Nem todas as sementes produzidas pelas plantas germinam. Algumas sementes são comidas por animais ou não encontram condições adequadas no ambiente para germinar.

Reprodução sem sementes

Algumas plantas podem se reproduzir por meio de folhas, de pedaços do caule ou da raiz.

Novas plantas podem se originar de folhas, como ocorre com a mãe-de-milhares.

A cana-de-açúcar pode se reproduzir por meio de pedaços do caule.

Novas plantas de batata-doce são obtidas de pedaços de raízes.

1 Existem várias formas de reprodução de plantas.
Observe as duas possibilidades e escreva nas linhas abaixo o tipo de reprodução de cada uma.

_____   _____

- Se você tivesse pressa para ver as flores da planta, qual possibilidade escolheria? Por quê?

_____
_____
_____

Agora já sei!

1 Para produzir muitas laranjas, um agricultor resolveu proteger todas as flores de sua laranjeira. Ao cobrir as flores com sacos, ele impediu que animais se aproximassem delas.

■ Com um colega, observe as figuras.

saquinhos cobrindo flores

a. O agricultor protegeu as flores para ter maior produção de laranjas. Por quê?

_____
_____
_____
_____

b. A laranja produziu flores? Por que isso aconteceu?

_____
_____
_____

2 Observe a imagem ao lado.

■ Como a planta pode ter chegado a esse lugar?

_____
_____
_____
_____
_____

ENGRAÇADO... NINGUÉM PLANTOU NADA NESTA ÁREA. COMO ESTA PLANTA CHEGOU AQUI?

3 Em uma plantação de pessegueiros, chuvas fortes derrubaram quase todas as flores.

■ Como será a colheita de pêssegos depois disso? Por quê?

_____
_____
_____

4 Observe as fotos e leia as legendas para acompanhar as etapas de formação do fruto de abóbora.

A flor da abóbora da foto já foi polinizada, e esse acontecimento deu início à formação do fruto.

O fruto se desenvolve e forma sementes. Enquanto isso, a flor da abóbora vai murchando, secando.

Nessa foto, é possível enxergar os restos secos da flor ainda presos ao fruto.

a. Mesmo sem termos acompanhado a polinização da flor da abóbora, ao observar a foto, é possível afirmar que ela já foi polinizada. Explique por quê.

_____
_____
_____

b. Por quais transformações o fruto passa conforme se desenvolve? E o que acontece com a flor durante esse processo?

_____
_____
_____

c. Explique por que a cor da flor da abóbora favorece a polinização.

_____
_____

CAPÍTULO 3 — As plantas e os outros seres vivos

Leia o texto abaixo e responda às questões.

[...] As árvores são hotéis naturais, isto é, o abrigo ideal para diversas espécies de animais. Ocos, copas e caules são **propícios** para a bicharada se proteger de tempestades, descansar, se alimentar e até ter seus filhotes.

[...] O manduvi, por exemplo, serve de hotel pra várias espécies. Essa árvore, nativa do Pantanal, é de grande porte. [...]

Além da arara-azul-grande, mais de 35 espécies – entre aves e mamíferos – realizam algum tipo de **interação** com o manduvi. [...]

Entre os mamíferos que, digamos, tiram uma casquinha do manduvi, está o macaco bugio, que consome um grande número de flores e sementes, e o tamanduá-mirim, que nos dias frios se abriga nas cavidades existentes no tronco dessa árvore.

Sabia que receber hóspedes é importante para as próprias árvores? Pois registre! Como os vegetais não se movem, dependem dos animais (e do vento) para dispersar suas sementes e promover sua existência. [...]
[...]

Arara-azul-grande no tronco oco do manduvi.

Propício: tem características boas para algo.
Interação: neste caso, algum tipo de relação existente entre os animais e o manduvi.

Antônio dos Santos Júnior e Andrelisse Arruda. Revista *Ciência Hoje das Crianças*, Rio de Janeiro, SBPC, n. 221, p. 20, mar. 2011.

1 Quais são os nomes dos seres vivos citados no texto?

2 Por que o autor chama algumas árvores de "hotéis naturais"?

3 Os animais citados no texto podem ser importantes para as árvores? Explique.

O sustento do planeta

Os seres vivos do nosso planeta são muito diferentes uns dos outros, mas todos precisam de alimento.

As plantas são chamadas de seres **produtores**, pois são capazes de produzir o próprio alimento. Elas fazem isso por meio da fotossíntese. Nesse processo, as plantas precisam de luz, água e gás carbônico do ar.

Plantas como a mandioca, a cenoura, o nabo, a beterraba e a batata-doce armazenam nas raízes parte do alimento que produzem.

Os animais não são capazes de produzir seu próprio alimento. Eles comem, ou seja, consomem outros seres vivos. Por isso, são chamados de seres **consumidores**.

Veja alguns exemplos de animais que se alimentam de plantas.

Imagens sem proporção de tamanho entre si.

Gafanhotos e muitos animais se alimentam de folhas.

Veados se alimentam apenas de plantas.

Além das folhas, outras partes das plantas também servem de alimento. Esses cupins se alimentam de madeira.

sessenta e nove 69

Animais que não se alimentam diretamente de plantas podem consumir outros animais que se alimentam delas. Por exemplo, a onça não come plantas, mas caça animais que se alimentam de folhas.

Portanto, as plantas são importantes tanto para os animais que se alimentam delas como para aqueles que comem outro tipo de alimento.

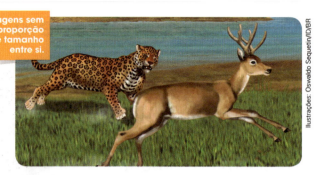

A onça caça veados e outros animais.

O tamanduá-bandeira usa sua língua comprida para capturar cupins e formigas.

1 Leia com um colega o texto abaixo.

Muitas aranhas se alimentam de insetos.
Algumas delas vivem em flores.
Lá esperam os insetos polinizadores, que voam até as plantas em busca de néctar.

Texto para fins didáticos.

a. Identifique os três seres vivos da imagem.

_____

b. Qual é o alimento de cada um desses seres vivos?

_____
_____
_____

http://linkte.me/f1lw1
Para saber mais sobre a relação entre animais e plantas, leia o texto "Por dentro das cadeias alimentares", da revista *Ciência Hoje das Crianças*. Acesso em: 5 maio 2016.

Usos das plantas

As plantas de que precisamos podem ser **cultivadas**, ou seja, plantadas e colhidas pelos seres humanos. Outras plantas são **coletadas**, isto é, estão em ambientes naturais e têm partes retiradas para o uso do ser humano.

▬ Plantas cultivadas

O cultivo de plantas pode servir para produzir alimentos, como arroz, feijão e milho.

> **Matéria-prima:** substância usada para fabricar algum produto.

Algumas plantas cultivadas também são **matéria-prima** para a fabricação de diversos produtos. Há tecidos feitos de algodão cultivado e medicamentos que contêm materiais presentes nas plantas.

Os cultivos também são uma forma de evitar a retirada de árvores das florestas. Pinheiros e eucaliptos, por exemplo, são plantados e, após alguns anos, cortados para que a madeira seja usada na fabricação de móveis e papel.

Canavial em Barra Bonita, estado de São Paulo, em 2013.
A cana-de-açúcar pode ser utilizada para produzir açúcar e álcool, que é usado como combustível de automóveis.

▬ Plantas coletadas

As pessoas também podem retirar partes de certas plantas que não foram cultivadas, ou seja, que não foram plantadas pelo ser humano.

É o que acontece com o babaçu. Diferentes partes dessa palmeira são coletadas para fazer vários produtos.

As folhas são usadas para fabricar cestos e tapetes e para cobrir casas. O fruto é usado para produzir carvão. E das sementes se extrai um óleo comestível.

Homem trançando folha de babaçu para telhado, na cidade de José de Freitas, Piauí, em 2012.

Em alguns tipos de coleta, a planta inteira é cortada. É o caso das árvores que são derrubadas para coleta da madeira.

Esse modo de coleta pode levar ao desaparecimento de alguns tipos de plantas. Por isso, existem leis que protegem árvores que correm esse risco, como o mogno e o jacarandá-da-bahia.

1 Reúna-se com três colegas e leiam os trechos da notícia abaixo.

Policiais rodoviários flagraram na manhã desta quarta-feira, 5 [de junho de 2013], Dia Mundial do Meio Ambiente, uma fábrica clandestina de palmito responsável pela derrubada de 2 mil palmeiras [...] juçara, típica da Mata Atlântica e ameaçada de extinção [...].

A fábrica improvisada funcionava na beira de uma trilha [...]. A região, coberta pela floresta, na Serra de Paranapiacaba, é Área de Proteção Ambiental. No local ainda havia uma carga de palmito equivalente ao corte de 350 palmeiras. [...]

Mesmo proibidas, as fábricas clandestinas de palmito existem e ameaçam a preservação dessa palmeira. A foto mostra a apreensão de palmitos em outra fábrica clandestina, no município de Maquiné, Rio Grande do Sul, 2014.

O Estado de S. Paulo, São Paulo, 5 jun. 2013. Disponível em: <http://linkte.me/y5574>. Acesso em: 14 jan. 2016.

- Façam uma pesquisa sobre o palmito-juçara. Depois, escrevam no caderno um pequeno texto que inclua informações sobre:
  - onde a árvore é encontrada;
  - por que é cortada;
  - o que pode ser feito para evitar seu desaparecimento.

▪ Alimentos

Muitos alimentos ingeridos pelos seres humanos são partes de plantas. Eles podem ser consumidos de várias maneiras:

- crus, como a alface;
- crus ou cozidos, como a banana;
- geralmente cozidos, como o arroz.

As plantas também são utilizadas para produzir alimentos industrializados, como pães, farinhas, café, chocolate e óleos.

2 Observe o quadro e responda às questões.

Imagens sem proporção de tamanho entre si.

Raiz	ETBERRBAA	NCEORUA	MNAADOIC
Caule	NCAA-ED-ÇAÚCRA	TATABA	GBRNEGIE
Folha	FALAEC	GRAIÃO	EPSINRFAE
Flor	OCEUV-LOFR	BRIOÓCLS	ALCCAHOFAR
Fruto	TEAMTO	BREINLEJA	AALRANJ
Semente	JSOA	EIJFÃO	ERIVLAH

a. Desembaralhe as letras e descubra o nome dos alimentos.

b. Contorne no quadro os alimentos que você já experimentou.

setenta e três 73

▪ Tecidos

Os tecidos de nossas roupas, como o algodão, o linho e a juta, são fabricados a partir de plantas. As fibras da juta também são usadas para produzir sacos, cordas e tapetes, entre outras mercadorias.

Imagens sem proporção de tamanho entre si.

Plantação de algodão em Campo Verde, Mato Grosso, 2012. As fibras do algodão ficam ao redor das sementes.

Plantação de juta à beira de rio em Manacapuru, Amazonas, 2012. Para extrair as fibras, é preciso cortar a planta.

▪ Madeira

A madeira obtida dos troncos de árvores é utilizada de diversas maneiras. Ela serve para fabricar móveis e outros objetos, para construir casas e também como lenha ou carvão.

Durante anos, grandes áreas de florestas e matas foram destruídas para retirar a madeira de árvores, como o cedro e o mogno. Essas árvores não foram replantadas e, hoje, correm o risco de desaparecer do ambiente.

Atualmente, muitos objetos são fabricados com madeira de árvores cultivadas, chamadas de madeira de reflorestamento.

Muitos móveis e objetos, como este brinquedo, são feitos com madeira de reflorestamento, evitando o desmatamento de áreas florestais.

Papel

O papel que usamos é feito principalmente da madeira retirada do tronco do eucalipto.

Os eucaliptos são plantados e, após alguns anos, são cortados e levados para fábricas que produzem o papel. O tronco é descascado, e a madeira é transformada em pasta de **celulose**. Para ser transformada em papel, a pasta de celulose é branqueada, prensada e secada.

Celulose: substância produzida pelas plantas e utilizada na fabricação de papel.

Plantação de eucalipto em Caçapava, São Paulo, 2013. Aproximadamente 17 árvores precisam ser cortadas para fabricar mil quilogramas (1 000 kg) de papel.

Interior de indústria de produção de papel no município de Indaial, Santa Catarina, 2012.

3 Escreva o nome das plantas utilizadas para fabricar os produtos representados abaixo.

_____   _____   _____   _____

4 Faça uma lista dos objetos de madeira que existem na sala de aula.

_____
_____
_____

Agora já sei!

1 Leia o texto abaixo.

O manguezal é um tipo de ambiente presente em muitos trechos do litoral brasileiro, em lugares onde os rios deságuam no mar.

Muitas vezes, o solo do manguezal permanece coberto por água. Quando ela baixa, o que se vê é um solo lamacento, onde alguns tipos de plantas conseguem viver. No solo dos manguezais também vivem alguns animais, como o caranguejo-uçá. Ele se alimenta das plantas e constrói suas tocas na lama.

Nas regiões brasileiras onde existem manguezais, a carne do caranguejo-uçá é muito apreciada pelas pessoas.

Manguezal na lagoa de Guaraíras, Rio Grande do Norte, 2013.

Caranguejo-uçá em mangue de São Vicente, São Paulo, 2012.

Texto para fins didáticos.

■ Quais são os seres produtores e os consumidores que aparecem no texto?

_____
_____

2 Ana fez uma lista dos ingredientes de um bolo de chocolate.

a. Contorne, na lista de ingredientes que Ana vai utilizar, os alimentos provenientes de plantas.

b. Quais alimentos citados na lista são industrializados? De quais plantas eles são feitos?

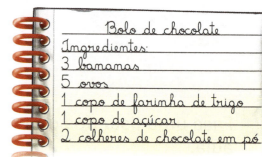

_____
_____

3 Conheça uma lenda sobre a mandioca.

> Mani tinha alma bondosa. A tribo gostava muito dela.
> Porém, a garotinha não viveu muito tempo. [...]
> Todo seu povo ficou de **luto** e o cacique mandou enterrá-la dentro de sua própria **maloca**.
> Dia após dia, os índios iam regar o local [...].
> Até que notaram [...] uma planta desconhecida nascendo. Ela crescia com um caule fino e comprido. [...]
> Chegou um dia em que a terra ao redor do caule se fendeu e, na base do vegetal, apareceram grossas raízes. Os índios resolveram cortá-las. [...]
> Descascaram as raízes e as comeram cozidas. [...]
> A planta passou a ser chamada de "manioca", que queria dizer "a casa da Mani". E "manioca" logo virou "mandioca" na boca do caboclo.

Luto: sentimento de tristeza pela morte de alguém.
Maloca: cabana indígena.

Adriano Messias. *Lendas de frutas e árvores do Brasil.* São Paulo: Cultura, 2013. p. 66.

a. Sublinhe os trechos do texto que descrevem as partes da mandioca.

b. Qual parte da planta de mandioca os índios comeram? Como ela foi consumida?

_____

_____

c. De que maneira os índios cuidaram da planta?

_____

4 O eucalipto é uma das árvores usadas para reflorestamento.

a. Quais produtos são produzidos a partir dessa planta?

_____

b. Converse com o colega: Se vocês pudessem escolher entre um brinquedo feito de mogno ou um brinquedo feito de eucalipto, qual escolheriam?

Vamos fazer!

Germinação do feijão e do alpiste

A germinação de sementes de feijão e de alpiste são iguais?

Do que você vai precisar

- sementes de feijão e de alpiste
- dois copos de plástico transparente
- água
- papel toalha
- régua

Como fazer

1. Forre os copos por dentro com um pedaço de papel toalha dobrado ao meio.

2. Coloque pedaços de papel toalha amassado dentro dos copos.

3. Em cada copo, coloque quatro sementes de cada planta, entre o plástico e o papel. Deixe um espaço entre elas.

4. Coloque água no copo, tomando cuidado para que a água não cubra a semente.

Vamos fazer o registro

1 Reserve algumas páginas do caderno para registrar as observações. Organize essas páginas de acordo com a ilustração ao lado.

2 Observe os dois copos de três em três dias durante duas semanas. A cada observação, regue as sementes, faça um desenho das plantas e anote:

a. o formato e o número de folhas;

b. o tamanho da planta;

c. como as raízes estão se desenvolvendo.

78 setenta e oito

Plantar batatas em garrafas

Como é possível plantar uma batata sem usar sementes?

Do que você vai precisar

- uma garrafa de plástico de 2 litros
- quatro gravetos ou palitos de churrasco sem ponta
- uma batata
- água
- tesoura com pontas arredondadas

Como fazer

1. Peça a um adulto que corte a garrafa ao meio e fure a batata com os palitos. Os furos devem ficar à mesma distância uns dos outros. **Atenção:** Tome cuidado com as bordas da garrafa, que podem ser cortantes.

2. Você vai usar a parte de baixo da garrafa como um vaso. Encha essa parte da garrafa de água até três dedos abaixo da abertura e coloque a batata dentro. Os palitos devem ficar apoiados na boca da garrafa, e uma parte da batata deve encostar na água.

Vamos fazer o registro

1 A cada três dias, observe o que acontece com a batata. No caderno, anote cada mudança, ao lado da data de observação.

2 No experimento anterior, você estudou a reprodução por meio de sementes. Que tipo de reprodução acontece no experimento com a batata?

3 Nesse experimento, a planta se reproduz a partir de qual parte?

Para continuar se desenvolvendo, as plantas precisam de sais minerais obtidos do ambiente. Por isso, após três semanas de observação, plante-as em um vaso ou canteiro.

O que aprendi?

1 Muitas plantas são consideradas medicinais, ou seja, são utilizadas como remédios naturais. Veja o caso do cubiu, planta encontrada na Amazônia.

O fruto [...] é consumido em saladas, cozido com carnes e peixes, e usado no preparo de doces, geleias, licores e sorvetes. Seu suco é tradicionalmente usado no controle do **diabetes** e do **mau colesterol**. Para preparar, descasque e cozinhe o fruto inteiro e depois bata no liquidificador com açúcar e gelo a gosto.

Diabetes: tipo de doença.
Mau colesterol: gordura no sangue que pode causar doenças.

Cubiu.

Saberes e sabores: uma nova mesa amazônica.
Disponível em: <http://linkte.me/oxfm9>. Acesso em: 15 jan. 2016.

a. Qual parte do cubiu é usada na receita? Como é consumida?

_____

_____

b. Por que é recomendável tomar suco de cubiu?

2 Muitos sapos que vivem dentro de plantas chamadas de bromélias se alimentam de insetos. Esses insetos entram na bromélia para utilizar a água que se acumula dentro dela.

a. Quais são os três seres vivos citados?

_____

80 oitenta

b. Está certo dizer que apenas um desses três seres vivos é consumidor? Por quê?

_____

_____

3 O jequitibá é uma das maiores árvores brasileiras. Leia abaixo os dois trechos da canção "Uma bolinha marrom", sobre uma semente de jequitibá, e observe as fotografias.

Era uma vez uma bolinha marrom,
que tinha uma asa comprida...
Veio voando com o vento, girando,
girando, fazendo pirueta no ar.
Voou, voou, voou...
e quando o vento parou, a
bolinha foi descendo devagar...
[...]
E o tempo passou ô ô... e a bolinha
marrom se transformou
na árvore mais alta da floresta!
[...].

Jequitibá-rosa fotografado no Parque Estadual de Vassununga, município de Santa Rita do Passa Quatro, São Paulo, 2014. No detalhe, sementes de jequitibá.

Hélio Celso Ziskind. Uma bolinha marrom. TV Cultura, São Paulo.

a. Como é chamada a semente do jequitibá na letra da canção?

_____

b. Examine a fotografia de sementes de jequitibá. Indique, com setas e letras, as partes que correspondem à bolinha marrom (**A**) e à asa comprida (**B**).

c. Relacione o formato da semente com a maneira como ela se espalha.

_____

_____

UNIDADE 3
Diversidade dos animais

Uma grande variedade de animais habita os diversos ambientes da Terra. Eles têm aparência e modos de vida diferentes, relacionam-se com outros seres vivos e são importantes para o ambiente do qual fazem parte.

- Observe a cena ao lado e descreva esse ambiente.

- Você tem ideia de quem vive nesse ambiente? Analise as figuras das páginas 169 a 171 e selecione os animais para colar ao lado. Encontre um lugar adequado para cada um.

- Agora, escolha um dos animais colados e explique: Como ele se locomove? Como é a cobertura do corpo dele?

- A tartaruga marinha é um animal ameaçado de extinção. Em sua opinião, o que pode ser feito para preservar esse e outros animais ameaçados?

Saber Ser

CAPÍTULO 1

Animais vertebrados

Os animais podem ser agrupados, por exemplo, de acordo com:

- o lugar onde vivem – na terra ou na água;
- a maneira como se locomovem – nadam, voam, rastejam, saltam, andam;
- a cobertura do corpo – pele lisa, escamas, pelos, penas.

Para estudar os animais e outros seres vivos, os cientistas também os separam em grupos de acordo com determinadas características em comum.

1 Observe estas fotos. Agrupe os animais de acordo com algumas das características descritas acima ou usando outras, observadas por você. No caderno, escreva o nome dos grupos e dos animais que pertencem a cada um deles.

Imagens sem proporção de tamanho entre si.

Dourado.

Tuiuiú.

Jacaré.

Maracajá.

Morcego.

Sapo-cururu.

2 Forme dupla com um colega e comparem os grupos de animais que vocês formaram. Esses grupos são iguais? Por quê?

Crânio e coluna vertebral

Os animais podem ser agrupados de acordo com a presença ou a ausência de **crânio** e de **coluna vertebral**.

A coluna vertebral é formada por um conjunto de ossos chamados **vértebras**.

O crânio e a coluna vertebral fazem parte do esqueleto. O esqueleto é um conjunto de ossos que fica dentro do corpo. Ele sustenta o corpo dos animais e protege os **órgãos** internos, como os pulmões e o coração.

Órgão: parte do corpo que realiza uma ou mais funções.

Esqueleto humano.

Fonte de pesquisa da ilustração: R. Winston. *Body*: an amazing tour of human anatomy. London: Dorling Kindersley, 2005. p. 10.

Animais que possuem esqueleto com crânio e coluna vertebral são chamados animais **vertebrados**. Eles são classificados em cinco grupos: peixes, anfíbios, répteis, aves e mamíferos.

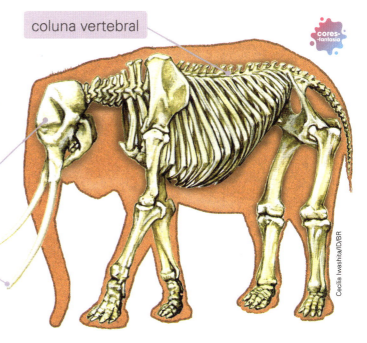

O elefante é um vertebrado mamífero. O esqueleto permite que ele fique em pé e se movimente. Suas presas não são ossos, mas dentes muito grandes.

Fonte de pesquisa da ilustração: *Animais*. São Paulo: Ática, 2001 (Série Atlas Visuais).

1 Em dupla, você e um colega vão se alternar para analisar a coluna vertebral. Cada um deve tocar o meio das costas do colega e deslizar os dedos para cima e para baixo.

- Vocês perceberam a presença da coluna vertebral?

2 Observe o esqueleto e o contorno dos corpos mostrados nas figuras. Escreva o nome dos animais nos espaços em branco.

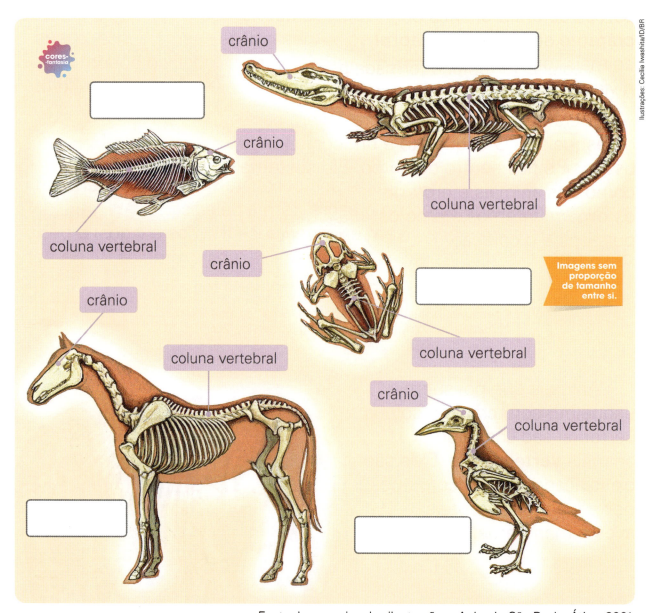

Fonte de pesquisa das ilustrações: *Animais*. São Paulo: Ática, 2001. p. 20-21, 30, 35, 37 e 47. (Série Atlas Visuais).

3 Cães, gatos e outros animais têm cauda. Observe a ilustração que mostra o esqueleto de um jacaré. O que existe dentro da cauda desse animal?

_____

4 Pense em um animal que possui crânio e coluna vertebral e não está representado nos desenhos. Conte a um colega onde esse animal vive, o que come e como se locomove.

Grupos de animais vertebrados

Uma rã, um tubarão, um jacaré, um bem-te-vi e um macaco são parecidos entre si? Todos eles apresentam crânio e coluna vertebral, portanto são animais vertebrados. Apesar dessa semelhança, esses animais têm características diferentes entre si, por isso podem ser divididos em cinco grupos: peixes, anfíbios, répteis, aves e mamíferos.

▪ Peixes

Os **peixes** vivem em ambientes aquáticos, como mares, rios, lagoas e represas. A maior parte dos peixes tem o corpo coberto por escamas, mas alguns, como o bagre, têm a pele lisa.

Existem peixes que vivem em água doce (de rios e lagos) e peixes que vivem em água salgada (do oceano). Veja os exemplos.

Imagens sem proporção de tamanho entre si.

A truta não é nativa do Brasil, mas hoje é criada em alguns estados brasileiros. Ela vive em rios de águas frias.

O bagre é um peixe sem escamas, com pele lisa.

As barracudas são encontradas no mar, em todo o litoral brasileiro.

O tubarão-martelo é um animal carnívoro encontrado em mares brasileiros.

Os peixes têm formas, cores e tamanhos variados. Eles nadam movimentando o corpo e as nadadeiras. Possuem brânquias, órgãos que possibilitam a respiração dentro da água.

■ Anfíbios

A palavra **anfíbio** significa "duas vidas". Esse nome foi dado porque os animais desse grupo, em sua maioria, vivem dentro da água enquanto são filhotes. Quando se tornam adultos, passam a viver fora da água.

Sapos, rãs, pererecas, salamandras e cobras-cegas são exemplos de anfíbios.

Pererecas têm ventosas nas pontas dos dedos, que as ajudam a subir e a se fixar.

Enquanto vivem na água, os anfíbios respiram por meio de brânquias. Um exemplo são os girinos, como são chamados os filhotes de sapos, rãs e pererecas. Os adultos vivem na terra e respiram pelos pulmões e através da pele, que é muito fina.

As cobras-cegas não têm patas. Elas vivem dentro da terra e costumam ser confundidas com minhocas.

As salamandras são anfíbios com pernas e cauda.

⊕ SAIBA MAIS

Os sapos bebem água?

[...] Sapos, rãs e pererecas não bebem água como os humanos. Eles absorvem água através da pele. Algumas espécies, quando têm sede, procuram ficar em contato com as folhas das árvores ou de outras plantas que ficam molhadas pela chuva ou orvalho. Também podem retirar a água do próprio ar úmido das florestas. [...]

Instituto Rã-bugio. Disponível em: <http://linkte.me/bl51g>. Acesso em: 18 jan. 2016.

1 A água entra em seu corpo pela boca. Como ela entra no corpo dos sapos?

Répteis

A palavra **réptil** significa "aquele que se arrasta". Esse nome foi dado porque muitos animais desse grupo de vertebrados se locomovem arrastando o corpo no chão.

Lagartos, serpentes, jabutis, tartarugas e jacarés são exemplos de répteis.

Os répteis vivem em ambientes aquáticos ou terrestres e se locomovem nadando, andando ou rastejando. Podem ter o corpo coberto: por escamas, como as serpentes; por placas duras, como os jacarés; ou por carapaças, como as tartarugas.

Os répteis respiram por pulmões e utilizam o gás oxigênio presente no ar. Mesmo as espécies aquáticas, como as tartarugas marinhas, precisam subir à superfície para respirar.

A sucuri passa parte do tempo dentro da água. Ela tem o corpo coberto por escamas.

O jabuti vive em ambiente terrestre. Durante o dia se locomove lentamente à procura de folhas, frutos e outros alimentos.

As lagartixas são pequenos répteis comuns na cidade. Geralmente são vistas à noite, quando saem para caçar insetos.

+ SAIBA MAIS

Répteis do passado

Há milhões de anos, o planeta era dominado por dinossauros.

O tamanho desses animais era muito variado. Alguns tinham a altura de uma galinha, enquanto outros chegavam a ter até 15 metros de altura, o equivalente a um prédio de cinco andares.

Existiram dinossauros **carnívoros**, que se alimentavam de outros animais, e dinossauros **herbívoros**, que se alimentavam de partes de plantas ou plantas inteiras.

Em **A**, representação do dinossauro uberabatitan, que viveu há 65 milhões de anos onde hoje é o estado de Minas Gerais. Foi o maior herbívoro brasileiro, com até 6 metros de altura.

Em **B**, representação do dinossauro oxalaia, que viveu há 95 milhões de anos onde hoje é o estado do Maranhão. Foi o maior carnívoro brasileiro, chegando a medir até 4 metros e meio de altura.

2 Manuela e José estão curiosos observando uma tartaruga.

ACHO QUE TARTARUGA NÃO É RÉPTIL. ELA NÃO RASTEJA...

■ A observação de Manuela está correta? Por quê?

Aves

As **aves** vivem em ambiente terrestre e respiram pelos pulmões. Todas têm penas, um par de asas, um par de pernas e um bico. As penas ajudam a manter o corpo desses animais aquecido e também a voar.

A maioria das aves, como as garças, as andorinhas e os pardais, pode voar. Algumas aves, como as galinhas e as emas, andam e correm. Outras aves, como os pinguins, têm asas curtas, utilizadas para nadar.

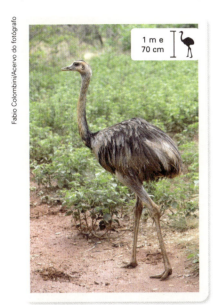

A ema é a maior ave brasileira. Vive no Cerrado e se alimenta de insetos, répteis, roedores, capim e sementes.

Os pinguins não voam, mas são bons nadadores. A maioria vive no ambiente polar da Antártica e se alimenta de peixes.

Imagens sem proporção de tamanho entre si.

As aves não têm dentes. O formato do bico está relacionado ao tipo de alimento que elas consomem.

As aves caçadoras, como os falcões, em geral têm o bico curvo, usado para arrancar pedaços de carne do corpo dos animais que caçam.

Com bico fino e comprido, os beija-flores conseguem se alimentar de néctar produzido dentro das flores.

Mamíferos

A palavra **mamífero** está relacionada a uma característica desses animais: a presença de glândulas mamárias, órgãos que produzem leite.

Os filhotes dos mamíferos mamam o leite produzido pela mãe. Já os mamíferos adultos têm alimentação variada. Alguns são carnívoros, como a onça; outros são herbívoros, como a capivara; e outros, como os seres humanos, se alimentam tanto de plantas como de outros animais.

Os morcegos são os únicos mamíferos que voam. Eles têm o olfato e a audição muito desenvolvidos.

Imagens sem proporção de tamanho entre si.

A capivara tem, em média, quatro filhotes por ninhada. Vive na terra e frequentemente nada.

O boto-cor-de-rosa vive nos rios da Amazônia. Tem grandes nadadeiras e seu focinho é longo e estreito.

Os mamíferos vivem em ambientes aquáticos e terrestres. Eles respiram por pulmões e se locomovem de diversas formas. Os seres humanos, por exemplo, andam e correm; os cangurus saltam; os morcegos voam; e os golfinhos e as baleias nadam.

Geralmente, o corpo dos mamíferos é coberto de pelos que protegem a pele e ajudam a manter o corpo aquecido.

O macaco-prego tem pelagem comprida.

O tipo de pelo varia de animal para animal. Alguns são curtos, como os pelos da capivara e da onça. Outros são longos, como as vibrissas, "bigodes" de gatos, cachorros e outros mamíferos, que ajudam os animais a perceber sinais do ambiente.

Existem animais com pelos tão duros que parecem espinhos, como o ouriço-cacheiro, e animais que têm poucos pelos, como o elefante.

Os espinhos do ouriço-cacheiro são uma forma de defesa.

3 O pato é uma ave. Que características indicam que ele faz parte desse grupo dos vertebrados?

___

4 Leia este texto sobre o peixe-boi-da-amazônia.

O peixe-boi-da-amazônia é um herbívoro aquático. Ele utiliza as nadadeiras para se locomover na água e sobe à superfície para respirar ar pelos pulmões.
Os filhotes desse animal mamam o leite produzido pela mãe.

Texto para fins didáticos.

- As informações do texto indicam que o peixe-boi-da-amazônia é um peixe? Explique.

___

Agora já sei!

1. "Nem tudo o que cai na rede é peixe." Essa frase faz parte de uma campanha de proteção às tartarugas marinhas, que estão ameaçadas de extinção e podem desaparecer do planeta.

Tartaruga marinha presa acidentalmente em rede de pescador no litoral de São Paulo, na cidade de Ubatuba, em 2012.

a. A tartaruga da foto precisa subir à superfície para respirar. Por que as redes representam uma ameaça para ela?

_____

b. É importante que os pescadores e a população em geral saibam como evitar uma situação como essa? Por quê?

c. Com os colegas, pesquise informações sobre essas e outras ameaças às tartarugas marinhas. Contem à turma e ao professor o que vocês descobriram.

2. Os restos de um animal morto foram encontrados por pesquisadores. Observe a imagem e responda.

- Esse animal é um vertebrado? Explique.

_____

 http://linkte.me/iw1e3
Saiba mais sobre os dinossauros que viveram no Brasil há milhões de anos no *site* Terra Notícias. Acesso em: 19 jan. 2016.

3 Que tal aprender enquanto brinca? Junte-se a dois colegas e destaquem as fichas do **Jogo dos vertebrados** das páginas 163 a 167.

Objetivo do jogo
Ser o primeiro jogador a ficar sem nenhuma ficha na mão e completar uma rodada de jogo.

Montagem do jogo
O professor informará quais são os tipos de ficha do jogo. Destaque as fichas, embaralhe-as e distribua dez fichas para cada participante. O restante das fichas deve formar um monte de compras, com a face virada para baixo.

Início do jogo
Vire a primeira ficha do monte de compras na mesa. Este será o início do monte de descarte. Se for uma ficha especial, deve-se seguir sua função. O jogador à esquerda de quem distribuiu as fichas deve começar o jogo.

Como jogar
O primeiro jogador deve descartar uma ficha que represente a mesma cor ou grupo de vertebrado ou, então, uma ficha especial. Caso o jogador não possua fichas que combinem com a que foi virada, deve comprá-las do monte de compras até encontrar uma que combine.
O jogador que ficar com apenas uma ficha na mão, ao longo do jogo, deve dizer "falta uma". Caso ele não diga e sua vez passe, deve comprar duas fichas do monte de compras.

Fim do jogo
Ao se livrar de todas as fichas da mão, o jogador prossegue até que seja sua vez de jogar novamente. Se, ao chegar sua vez, ainda estiver sem fichas, será o vencedor.

4 Observe novamente as fotografias da página 84.

a. Classifique aqueles animais nos principais grupos de vertebrados: peixes, anfíbios, répteis, aves ou mamíferos.

_____
_____
_____
_____

b. Junte-se a um colega e comparem as classificações que vocês fizeram. Vocês formaram os mesmos grupos? Por quê?

CAPÍTULO 2 — Animais invertebrados

Na figura abaixo, é possível observar alguns animais que não possuem crânio nem coluna vertebral, chamados de animais invertebrados.

Imagens sem proporção de tamanho entre si.

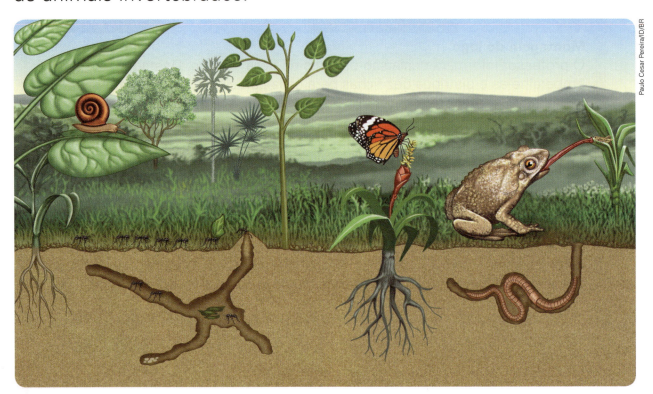

1 Há um animal vertebrado na imagem. Qual é? _____

2 Os demais animais representados são invertebrados. Escolha um exemplo de invertebrado que:

a. poliniza flores. _____

b. vive dentro do solo. _____

c. vive em grupo. _____

3 Alguns animais invertebrados são comuns em nosso dia a dia. Que animais invertebrados você conhece, além dos apresentados na ilustração? Onde eles vivem?

_____

_____

Invertebrados aquáticos

Os animais que não têm crânio nem coluna vertebral são chamados **invertebrados**. Muitos deles vivem em ambientes aquáticos de água doce ou salgada.

▪ Invertebrados de água salgada

Os mares e oceanos são ocupados por milhares de espécies de invertebrados.

Muitos invertebrados marinhos não se locomovem e vivem presos a rochas ou a outros objetos submersos, como navios que afundaram.

As esponjas não se locomovem. Para se alimentar, elas filtram os pequeninos pedaços de alimentos presentes na água que penetram em seu corpo.

As estrelas-do-mar se locomovem arrastando o corpo pelo fundo do mar. Elas se alimentam de ostras e outros animais que capturam.

Tentáculo: prolongamento do corpo que auxilia no tato e na captura de alimento.

As anêmonas se alimentam de peixes pequenos e outros animais. Elas quase não se locomovem e usam os **tentáculos** que têm ao redor da boca para capturar o alimento.

Existem também invertebrados marinhos que nadam, como polvos e lulas. Eles expulsam jatos de água do corpo, o que os empurra para a frente.

Para capturar alimento, esses animais usam seus tentáculos, formados por ventosas que se grudam no corpo da presa.

Os polvos comem peixes e outros animais.

Existem lulas de vários tamanhos. As lulas-gigantes, que vivem em mares profundos, podem ter até 12 metros de comprimento, sendo os maiores invertebrados do planeta.

⊕ SAIBA MAIS

Invertebrados da praia

Muitos animais invertebrados vivem na praia. Eles passam parte do tempo dentro da água e parte do tempo fora dela.

Caranguejos, por exemplo, andam pela areia da praia à procura de alimento.

Quando se sentem em perigo, correm para a água ou para dentro das tocas que cavam na areia.

O caranguejo maria-farinha vive em tocas que cava na areia.

Invertebrados de água doce

Muitos invertebrados vivem em ambientes de água doce, como lagos, rios e represas.

Certos caramujos são encontrados em lagos e represas.

O camarão-da-malásia vive em água doce e pode ser criado em cativeiro.

Certos insetos vivem um período da vida dentro da água. Eles passam a viver fora dela depois que se tornam adultos.

Na superfície da água parada existe uma fina camada capaz de sustentar animais leves. Por isso, alguns insetos e aranhas pequenas conseguem andar na superfície de lagos e represas sem afundar.

Aranha caminhando na superfície da água.

1 Leia o texto abaixo sobre anêmonas e troque ideias com os colegas.

> Parecem plantas aquáticas, mas são animais marinhos. Movimentam-se tão lentamente que aos olhos do observador comum parecem imóveis. O único movimento facilmente perceptível nas anêmonas é dos tentáculos oscilando [...].

Anêmonas. Horizonte. Disponível em: <http://linkte.me/P3U1J>. Acesso em: 28 jan. 2016.

- Por que as anêmonas podem ser confundidas com plantas?

_____

_____

Invertebrados terrestres

Os invertebrados também vivem em matas, desertos e muitos outros ambientes terrestres.

Para se movimentar no ambiente terrestre, os invertebrados usam diferentes maneiras. Alguns têm pernas e andam, como as formigas, as aranhas e as centopeias. Outros rastejam, como as minhocas e os caracóis. Há ainda os que voam, como os besouros, as abelhas e os mosquitos.

Os caracóis se alimentam de folhas. Eles recolhem o corpo dentro da concha como forma de proteção.

As aranhas se alimentam principalmente de insetos. Algumas aranhas constroem teias e, com elas, capturam suas presas.

▪ Invertebrados no solo

Muitos invertebrados podem ser encontrados embaixo de pedras ou folhas caídas, como o tatuzinho-de-quintal, ou dentro de túneis cavados no solo, como as minhocas.

O tatuzinho-de-quintal enrola o corpo como forma de defesa.

Alguns insetos vivem em grupos, como os cupins.

Invertebrados que voam

Os únicos invertebrados que têm asas pertencem ao grupo dos insetos. Eles podem voar para fugir de outros animais, para procurar alimento e para encontrar um local para depositar seus ovos, por exemplo.

Certos insetos têm quatro asas, como as libélulas.

Algumas borboletas podem voar vários quilômetros.

Além de voar, os gafanhotos também se locomovem aos saltos.

+ SAIBA MAIS

Invertebrados muito, muito pequenos

Alguns invertebrados são tão pequenos que não podem ser vistos a olho nu. Para observar esses animais, os cientistas usam instrumentos, como os microscópios.

Os ácaros são invertebrados presentes em vários tipos de ambiente. Alguns vivem na poeira que existe dentro das casas. Ampliação de 230 vezes.

1 Escreva o nome de um invertebrado terrestre que:

a. constrói teias e com elas captura animais. _____

b. enrola o corpo e assim se protege. _____

c. vive em grupo. _____

d. tem concha. _____

cento e um

Invertebrados e outros seres vivos

Os invertebrados são importantes para outros seres vivos e para o ambiente em que vivem. Veja alguns exemplos.

Minhocas e certos besouros se alimentam de restos de plantas e animais mortos. As fezes desses animais deixam importantes nutrientes no solo, que são absorvidos pelas plantas.

Abelhas, borboletas, moscas e outros insetos polinizam muitas plantas e, assim, participam da formação dos frutos.

Os invertebrados também servem de alimento a muitos outros animais.

Abelha polinizando uma flor. Repare nos grãos de pólen (pó amarelo) presos ao corpo desse inseto.

Imagens sem proporção de tamanho entre si.

Invertebrados parasitas

Alguns invertebrados vivem dentro ou sobre outros seres vivos, causando mal a eles. Esses invertebrados são chamados de **parasitas**.

Os piolhos, as pulgas e os carrapatos são parasitas que vivem sobre o corpo de outros seres vivos. Eles se alimentam do sangue de outros animais, incluindo o dos seres humanos.

Já os vermes, como as lombrigas, são invertebrados parasitas que vivem dentro do corpo de outros animais.

A lombriga é um verme que pode viver no intestino humano. Quando adulta mede cerca de 20 centímetros de comprimento.

Os piolhos são transmitidos diretamente de uma pessoa para outra ou pelo uso em comum de objetos como pente e boné.

🔧 Na prática

É possível andar sobre a água?

Talvez você já tenha observado insetos ou aranhas caminhando sobre a água de um lago ou rio. Vamos entender como isso é possível.

Alguns insetos se deslocam e permanecem sobre a água.

Você vai precisar de: um copo plástico transparente com água, lápis, régua, tesoura sem ponta e papel-alumínio.

Experimente

1. Com a ajuda do professor, faça um retângulo na folha de papel-alumínio com 16 cm de comprimento por 3,5 cm de largura.
2. Corte a folha com a tesoura.
3. Dobre o papel-alumínio quatro vezes, conforme mostra a ilustração.

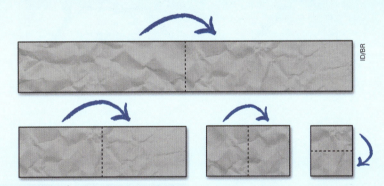

4. Coloque a tira dobrada no copo com água e observe.
5. Repetidamente, pressione o papel-alumínio de leve com a ponta do lápis e depois solte-o. Observe o que acontece com a água na região de contato com o papel-alumínio.
6. Em seguida, pressione o papel-alumínio com mais força e veja o que acontece.

Responda

1. O papel-alumínio afundou ao ser colocado na água? E ao ser pressionado com força?
2. O que aconteceu com a água quando o papel-alumínio foi levemente pressionado?
3. Quais etapas do experimento correspondem à simulação de um inseto sustentado sobre a água?

Agora já sei!

1 Escreva o nome dos animais invertebrados que podem ser vistos neste jardim.

Imagens sem proporção de tamanho entre si.

_____
_____
_____

2 A dengue é uma doença transmitida por um invertebrado, o mosquito da dengue. Ele vive em locais em que há água parada. Converse com os colegas sobre por que as campanhas de prevenção da dengue são necessárias ainda hoje.

Saber Ser

_____
_____
_____

3 Leia o texto abaixo com um colega.

[...]
O alimento predileto das abelhas é o néctar das flores. Ao fazer sua refeição, elas espalham o pólen que sai das flores e, com isso, ajudam na reprodução das "cheirosas". [...]
[...]
As abelhas são capazes de "conversar" umas com as outras. Os cientistas observaram que esses animais saem em busca de comida e, quando acham, voltam ao encontro de suas companheiras e "contam" para que direção elas devem seguir.
É a forma como "dançam" durante o voo que expressa onde está a comida. Se ela estiver próxima, a abelha voará em círculos para direções diferentes [...].

Luisa Massarani. Saiba como você seria se fosse uma abelha. *Folha de S.Paulo*, São Paulo, 2012. Suplemento infantil Folhinha. Disponível em: <http://linkte.me/v11pw>. Acesso em: 19 jan. 2016.

a. Como as abelhas auxiliam na reprodução das flores?

_____

_____

_____

b. Conversem com dois adultos para saber o que eles acham das abelhas. Perguntem se consideram as abelhas importantes para o ser humano e por quê. Anotem a opinião deles no caderno e depois compartilhem, com outros colegas, os resultados da pesquisa.

4 As estrelas-do-mar e o camarão-da-malásia são animais de ambientes aquáticos. Eles podem viver juntos? Por quê?

_____

_____

_____

_____

_____

CAPÍTULO 3 — A reprodução dos animais

Os animais têm um ciclo de vida, e a reprodução é uma das etapas desse ciclo. Leia o texto abaixo.

No reino animal não existe dia dos namorados. Mas quem disse que os bichos não namoram? [...]

Os bichos namoram de maneiras muito curiosas e divertidas. Na hora de achar um par [...], a ideia é escolher o pretendente que tem as melhores qualidades entre todos os que estão disponíveis.

Pretendente: candidato.

Casal de tiês-sangue. O macho, mais vistoso, está à esquerda.

A atração animal funciona assim: tanto o macho como a fêmea [...] querem encontrar um parceiro que lhes dê grande número de filhotes, todos [...] fortes, saudáveis e que também sejam capazes de se reproduzir, como seus pais.

[...]

Em geral, são os machos que [...] mais investem em conquistar a atenção da fêmea. Somente os pássaros machos, por exemplo, é que cantam. O galo, em comparação com a galinha, também é muito mais vistoso: cheio de plumas, tem uma crista bastante vermelha e canto matinal que chama a atenção.

[...]

César Ades. O namoro dos bichos. Revista *Ciência Hoje das Crianças*, Rio de Janeiro, SBPC, n. 171, p. 2, ago. 2006.

1 De acordo com o texto, que tipo de parceiro o macho e a fêmea querem encontrar?

2 Além do galo, em comparação com a galinha, que outros animais têm o macho mais vistoso que a fêmea?

3 Em grupo, descubram se alguém já viu o nascimento de algum filhote de animal. Contem o que vocês viram.

Modos de reprodução

A reprodução permite que os seres vivos deixem descendentes, isto é, tenham filhotes. Assim, a vida continua a existir no planeta.

Leão-marinho fêmea e seu filhote.

Garça no ninho com seus filhotes.

Em geral, um macho e uma fêmea participam da reprodução. Mas existem animais que podem se reproduzir sem o outro do sexo oposto.

▪ Reprodução com macho e fêmea

A maioria dos animais apresenta esse tipo de reprodução.

No caso de alguns animais, o macho é muito diferente da fêmea. Mas existem outros animais em que não é possível perceber diferenças entre os sexos.

O **acasalamento** é o modo como um macho e uma fêmea se unem para se reproduzir.

Acasalamento de besouros.

Os machos e as fêmeas da jandaia-verdadeira são muito parecidos.

cento e sete

Alguns animais machos fazem a **corte**, isto é, se comportam de uma maneira especial para atrair a fêmea para o acasalamento.

O pavão abre as penas da cauda e se exibe para conquistar a fêmea.

Reprodução sem casal

Você já viu que existem plantas que podem se reproduzir a partir de um pedaço do caule ou de uma folha.

Também existem animais que podem se reproduzir a partir de um pedaço do corpo. Isso ocorre, por exemplo, com a estrela-do-mar.

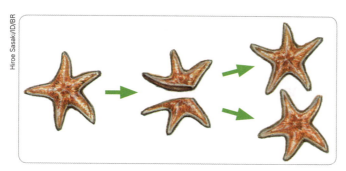

Se uma estrela-do-mar for cortada ao meio, cada metade dará origem a uma estrela-do-mar inteira.

1 Leia o texto abaixo e responda à questão.

[...] O ruído das cigarras tornou-se uma parte de Brasília. [...]

O inseto parece prever a chegada das tempestades: somente quando a umidade do ar fica mais elevada e há água, ele se reproduz. É nesse momento que as cigarras adultas cantam. O canto da cigarra tem o objetivo de atrair o parceiro do sexo oposto para um relacionamento. [...] O barulho estridente é do macho. A fêmea canta mais baixo. [...]

Cigarra sobre tronco de árvore.

Leilane Menezes. Cigarras começam a reaparecer no DF e podem estar trazendo a chuva. *Correio Braziliense*, Brasília, 2010. Disponível em: <http://linkte.me/s9652>. Acesso em: 20 jan. 2016.

- Como o macho da cigarra atrai a fêmea para o acasalamento?

Os animais nascem de diferentes maneiras

Há animais, como o sabiá, que nascem de ovos. Outros, como a onça, a capivara e o ser humano, desenvolvem-se dentro do corpo da mãe.

▪ Animais ovíparos

Os animais que nascem de ovos são chamados de **ovíparos**. Os filhotes se desenvolvem fora do corpo da mãe. Dentro do ovo existe reserva de alimento e água para alimentar o filhote durante seu desenvolvimento. As aves e muitos peixes, répteis e insetos são animais ovíparos.

Filhote de galinha recém-nascido após 21 dias de desenvolvimento dentro do ovo.

Os filhotes da surucucu-pico-de-jaca já nascem com veneno e podem caçar assim que saem do ovo.

O percevejo é um inseto que coloca muitos ovos juntos.

Muitos ovíparos abandonam seus ovos depois que eles são postos. Ao nascer, esses filhotes estão prontos para procurar comida e se proteger de outros animais. É assim com as tartarugas e com certos peixes e insetos. Em geral, esses animais põem centenas de ovos, mas apenas alguns filhotes sobrevivem até a fase adulta.

Outros ovíparos cuidam de seus ovos e dos filhotes. Geralmente, animais que se comportam dessa maneira produzem poucos ovos. As aves mantêm os ovos aquecidos com o calor de seu corpo e, depois do nascimento, alimentam os filhotes. Certos peixes e rãs protegem seus ovos para que não sejam comidos por outros animais.

Ovos com e sem casca

Animais terrestres, como répteis e aves, põem ovos com casca. Dentro do ovo, há alimento e água para **nutrir** o filhote até o momento do nascimento. Dependendo do animal, os ovos variam de tamanho e possuem casca mais resistente.

Nutrir: alimentar.
Gelatinoso: que tem a consistência da gelatina.

Os ovos de peixes e anfíbios não têm casca. Eles são **gelatinosos** e precisam ficar dentro da água para evitar que ressequem, o que provocaria a morte dos filhotes.

Imagens sem proporção de tamanho entre si.

Ovos de codorna (menor e com manchas), de galinha e de ema (maior).

Os sapos e as rãs põem seus ovos dentro da água.

▪ Animais ovovivíparos

Em alguns animais, os ovos permanecem dentro do corpo da mãe até que os filhotes estejam prontos para nascer.

Dessa forma, o filhote fica protegido, mas se desenvolve usando as reservas de alimento e água que existem dentro do ovo.

Os animais que se reproduzem dessa maneira são chamados de **ovovivíparos**.

O peixe-serra é um tubarão ovovivíparo. O peixe-serra da foto mede 1 metro e 70 centímetros de comprimento.

Animais vivíparos

Os filhotes de alguns animais, como a anta, o tatu, a vaca e o ser humano, ficam dentro do corpo da mãe até a hora de nascer. Eles se desenvolvem usando alimento que vem do corpo dela. São chamados de **vivíparos**.

A maioria dos filhotes de animais vivíparos recebe proteção e cuidado dos pais, o que aumenta as chances de sobrevivência.

Nos mamíferos, é comum que um dos pais permaneça com os filhotes enquanto eles crescem. Ao nascer, os filhotes mamam o leite produzido pelo corpo da fêmea.

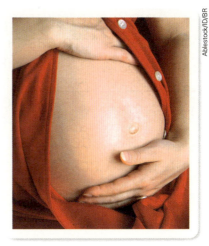

Durante a gravidez, o bebê recebe alimento do corpo da mãe.

As preguiças fêmeas carregam seus filhotes durante os primeiros meses de vida deles.

O filhote da baleia jubarte mama até 200 litros de leite por dia.

1 Por que é importante que os ovos das rãs sejam postos na água?

_____

_____

2 Onde o filhote da galinha se desenvolve? Que cuidados ele recebe da mãe antes do nascimento? E depois?

_____

_____

_____

Desenvolvimento dos animais

Os filhotes de animais vivíparos, como o cavalo e o ser humano, já nascem semelhantes aos adultos. Os filhotes de muitos animais ovíparos, como a ema e a tartaruga, também se parecem com os pais assim que saem dos ovos.

Várias emas põem ovos no mesmo ninho, e é o macho que cuida dos filhotes.

▪ Metamorfose

Alguns animais, porém, nascem completamente diferentes dos adultos. O corpo desses animais passa por grandes transformações até chegar à fase adulta. Esse processo é chamado de **metamorfose**.

Metamorfose da rã

1. As rãs se acasalam dentro da água, local onde a fêmea põe os ovos.

2. Quando saem dos ovos, os girinos não têm pernas. Eles vivem dentro da água, nadam com o auxílio da cauda e respiram por meio de brânquias.

3. O girino cresce dentro da água e aos poucos seu corpo se transforma. Primeiro surgem as pernas traseiras, depois as dianteiras. A cauda vai diminuindo.

4. Quando começa a respirar pelos pulmões, o animal passa a viver fora da água. Ao final da metamorfose, a rã se torna adulta.

Metamorfose da borboleta

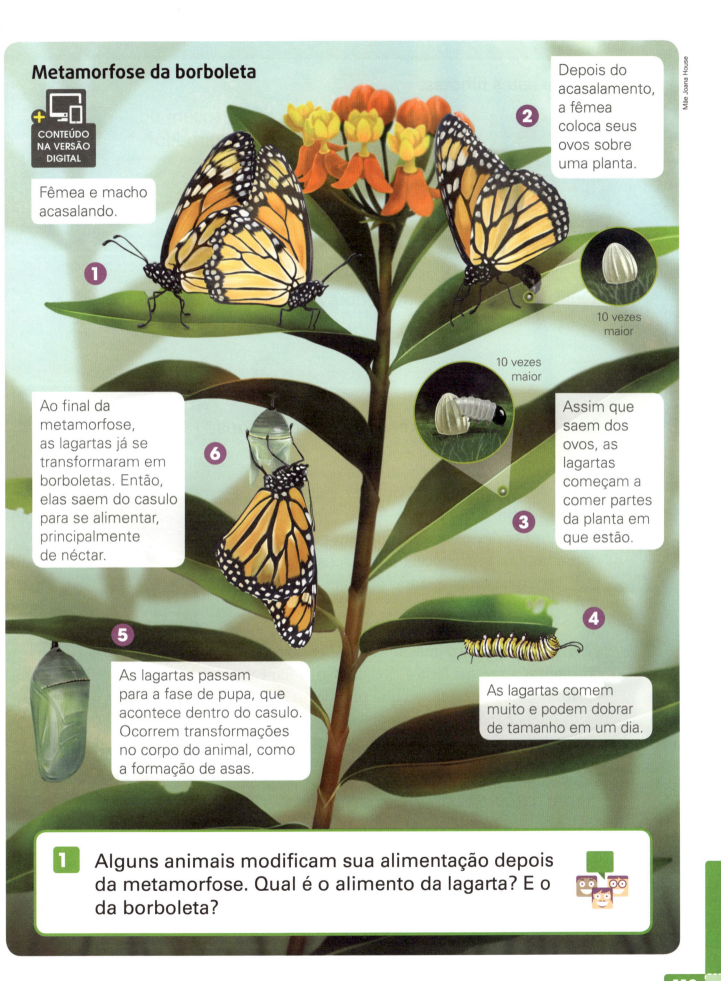

1. Fêmea e macho acasalando.
2. Depois do acasalamento, a fêmea coloca seus ovos sobre uma planta.
3. Assim que saem dos ovos, as lagartas começam a comer partes da planta em que estão.
4. As lagartas comem muito e podem dobrar de tamanho em um dia.
5. As lagartas passam para a fase de pupa, que acontece dentro do casulo. Ocorrem transformações no corpo do animal, como a formação de asas.
6. Ao final da metamorfose, as lagartas já se transformaram em borboletas. Então, elas saem do casulo para se alimentar, principalmente de néctar.

1 Alguns animais modificam sua alimentação depois da metamorfose. Qual é o alimento da lagarta? E o da borboleta?

cento e treze 113

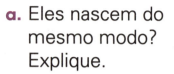

Agora já sei!

1 Observe estes filhotes.

Lobo-guará.

Tartaruga marinha.

Imagens sem proporção de tamanho entre si.

a. Eles nascem do mesmo modo? Explique.

_____
_____
_____

b. Qual deles não consegue sobreviver sozinho logo que nasce? Por quê?

_____
_____

2 Leia o trecho abaixo e responda às questões.

> Quem já viu sabe o quanto é bonita a luz de um vaga-lume na escuridão. Mas a capacidade de emitir luz desses insetos também é muito importante na reprodução. [...] machos e fêmeas [...] piscam bastante quando desejam acasalar [...].
>
> Nesta conversa pisca-pisca, por vezes ocorrem duelos entre machos que querem conquistar a mesma fêmea. Neste caso, a fêmea costuma escolher o macho que pisca com mais *frequência* e mais intensamente.

Frequência: quantidade de repetições de um acontecimento durante certo tempo.

Luiz Felipe Lima da Silveira. Duelo de pisca-pisca. Revista *Ciência Hoje das Crianças*, Rio de Janeiro, SBPC, n. 235, p. 8, jun. 2012.

a. Sobre o que o texto informa?

_____

b. Um duelo é uma disputa. No caso do texto acima, como são os duelos entre vaga-lumes machos? Qual é o motivo da disputa?

_____
_____

3 Leia o texto e depois faça o que se pede.

[...] O bicho-da-seda [...] produz um casulo do qual se extraem os fios para formar um tecido de toque suave [...].

O ciclo de desenvolvimento do bicho-da-seda vai da **eclosão** do ovo até a transformação da lagarta em mariposa. [...] a lagarta [...] é sempre alimentada com folhas da amoreira [...].

Eclosão: saída da larva ou do filhote do ovo.

Lagarta de bicho-da-seda.

Lagarta tecendo casulo de seda.

Casulos de seda. Dentro de cada casulo existe uma pupa.

João Mathias. Bicho-da-seda. Revista *Globo Rural*. Disponível em: <http://linkte.me/r6ecg>. Acesso em: 28 jan. 2016.

a. O bicho-da-seda é um animal vivíparo ou ovíparo? Explique.

_____

b. Como se chama o processo pelo qual o bicho-da-seda passa até se transformar em uma mariposa?

_____

4 O mosquito da dengue passa por metamorfose. Dos ovos do mosquito nascem as larvas, que vivem na água.

■ Se o mosquito da dengue vive em ambiente terrestre, por que uma forma de combater essa doença é evitar água parada?

Larvas de mosquito da dengue.

Vamos fazer!

Observando as aves

Existem milhares de tipos diferentes de aves no Brasil. Elas podem ser encontradas nas florestas, no campo e nas cidades.

Do que você vai precisar

- caderno
- lápis preto, borracha, caneta e lápis de cor
- binóculo, se você tiver

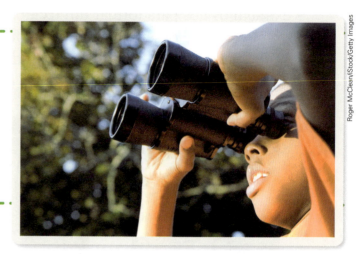

Como fazer

1. Você pode observar as aves que vivem em seu quintal, em alguma praça ou em outra área verde. Vá ao mesmo local várias vezes, de preferência de manhã bem cedo ou ao entardecer.
2. Leve um caderno para fazer anotações.

O que observar

1. Fique em silêncio e procure ouvir o canto de diferentes aves.
2. Desenhe a ave que você conseguiu observar com mais detalhes. Use os lápis de cor para representar as cores dela.
3. Anote a data e a hora da observação, assim como o tamanho da ave (por exemplo, do tamanho de uma pomba, menor que um bem-te-vi). Registre se ela estava sozinha ou em bando e outros aspectos que chamarem sua atenção.

Bem-te-vi.

João-de-barro.

Tico-tico.

Dicas de observação

- Use roupas de cor neutra ou que se confundam com o ambiente, como branco, verde ou bege, para não espantar as aves.
- Observe se alguma ave volta ao mesmo local durante vários dias. Isso pode significar que ela construiu um ninho por perto.
- Você pode usar um binóculo para observar detalhes, como as cores da cabeça.

Atenção!

- Nunca olhe diretamente para o Sol. Isso pode causar danos à visão.
- Não monte arapucas ou outros tipos de armadilha para capturar as aves. Se você encontrar um ninho, não toque nos ovos.

Vamos fazer o registro

1 Procure descobrir o nome das aves que você observou. Você pode mostrar seu caderno de observação a um adulto ou aos colegas de classe. Anote o nome da ave ao lado do desenho que você fez dela.

2 Faça uma pesquisa sobre as aves que você observou. Do que elas se alimentam? Quantos ovos põem?

_____

_____

3 Compare os desenhos que você fez com os desenhos feitos pelos colegas. Vocês observaram as mesmas espécies?

_____

_____

_____

_____

Ilustração de tangará feita pelo pesquisador João Teodoro Descourtilz há mais de 150 anos.

O que aprendi?

1 Leia o texto abaixo e depois responda às questões.

Em muriquis-do-norte, a **gestação** dura, em média, 7,2 meses [...].

Geralmente nasce um filhote a cada gestação, que é carregado exclusivamente pela fêmea [...].

As mães muriquis amamentam seus filhotes por cerca de dois anos. A partir daí elas iniciam o período de **desmame**, que tem duração de quatro a seis meses [...].

Gestação: gravidez.
Desmame: fase em que o filhote para de mamar o leite da mãe.

Macaco muriqui.

ICMBio. Disponível em: <http://linkte.me/us2aj>. Acesso em: 21 jan. 2016.

a. O muriqui-do-norte é um animal vertebrado de qual grupo? Explique.

_____

_____

b. Esse macaco é vivíparo ou ovíparo? Por que é possível concluir isso?

_____

_____

c. De que maneira a mãe cuida de seu filhote?

_____

2 Muitos agricultores consideram que solos com minhocas são melhores para o cultivo de plantas. Com o auxílio do professor, faça uma pesquisa sobre as características e importância das minhocas.

118 cento e dezoito

3 Você conhece o papagaio-de-cara-roxa?

O papagaio-de-cara-roxa [...] vive em bandos nas florestas, preferindo as ilhas, para repouso e reprodução. Costuma formar casais que se mantêm unidos durante um longo tempo e, muitas vezes, por toda a vida.

[...] As principais ameaças [...] são a destruição do seu ambiente, a floresta, e a retirada dos filhotes da natureza para o tráfico de animais.

Papagaio-de-cara-roxa.

Blog do papagaio-de-cara-roxa. Projeto de conservação do papagaio-de-cara-roxa. Disponível em: <http://linkte.me/ja8yz>. Acesso em: 21 jan. 2016.

a. Qual é o modo de reprodução do papagaio-de-cara-roxa? Sublinhe o trecho do texto que apresenta essa informação.

_____

b. Como você poderia ajudar a preservar esses papagaios?

_____

_____

4 Observe a aranha e a abelha da foto ao lado.

a. Que animais da foto são invertebrados?

_____

b. Como esses animais se locomovem?

_____

@ http://linkte.me/u78i4
No *Blog* do papagaio-de-cara-roxa, você pode assistir a vídeos que mostram um pouco do que acontece dentro dos ninhos dessa ave. Acesso em: 21 jan. 2016.

UNIDADE 4

Ser humano e saúde

Você se movimenta, vai à escola, brinca e dorme. Para manter a saúde e fazer tudo isso, é preciso ter uma alimentação variada, praticar atividades físicas e ter hábitos de higiene.

- Observe a cena ao lado. O que as crianças estão fazendo?

- Pensando em uma rotina saudável, desenhe alguns alimentos na bandeja e nas mãos das crianças sentadas à mesa. Depois, complete o quadro em branco com uma atividade positiva para a saúde.

- Há nessa escola uma caixa-d'água. Qual dos caminhos indicados na parede a água percorre até chegar à torneira? Para onde vai a água que sai pelo ralo da pia?

- Observe a criança lavando a fruta. Por que essa atitude é importante?

CAPÍTULO 1 — O corpo por dentro e por fora

A todo momento, seu corpo realiza várias atividades. Veja algumas delas nas figuras abaixo.

A gente **pisca**.

A gente **faz a digestão** depois de comer.

A gente **pensa**.

Cabelos e unhas crescem e vão ficando compridos.

Marina Baird Ferreira e outros. *O Aurélio com a Turma da Mônica*.
Ilustrações de Mauricio de Sousa. Rio de Janeiro: Nova Fronteira, 2003. p. 17.

1 Dentro do corpo, o coração bate, o sangue circula e os alimentos são digeridos. O que mais você imagina que acontece dentro de seu corpo?

2 Onde fica seu coração? Você sabe qual é o tamanho dele?

3 Você sabe quais órgãos participam da digestão? E onde você acha que eles ficam dentro de seu corpo?

4 Você conhece algum aparelho utilizado por médicos para examinar as pessoas por dentro? Qual?

5 Forme dupla com um colega. Desenhem o contorno de um corpo em uma folha do caderno. Indiquem onde, na opinião de vocês, ficam o coração e outros órgãos do corpo, como os pulmões.

Por dentro do corpo

As partes do corpo que realizam alguma função, como respiração ou filtração do sangue, são chamadas **órgãos**. Muitos órgãos são internos, isto é, ficam dentro do corpo, como o coração e o estômago.

■ Órgãos

Veja na figura abaixo alguns órgãos do corpo e as funções que eles desempenham.

Cérebro
Coordena o funcionamento dos outros órgãos. Ele permite que as pessoas pensem, falem, se movam e tenham sentimentos, por exemplo.

Pulmões
Participam da respiração. O ar que entra em nosso corpo vai para os pulmões, onde o gás oxigênio é absorvido.

Rins
Filtram o sangue, isto é, retiram substâncias que fazem mal ao corpo. Essas substâncias passam a fazer parte da urina.

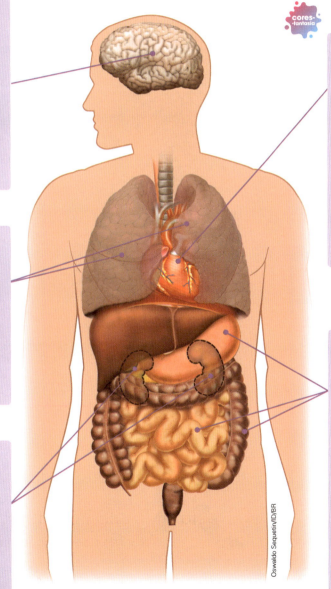

Coração
Bombeia o sangue para que ele circule pelo corpo. O sangue circula dentro de vasos sanguíneos. O tamanho de seu coração é, aproximadamente, o tamanho de sua mão fechada.

Estômago e intestinos
O alimento é mastigado na boca. Depois de engolido, ele passa pelo estômago e intestinos, onde será digerido e absorvido. O que não for absorvido pelo corpo vai formar as fezes, que são eliminadas pelo reto.

Representação de alguns órgãos internos do corpo.

Fonte de pesquisa da ilustração: G. J. Tortora e S. R. Grabowski. *Corpo humano*. Porto Alegre: Artmed, 2006. p. 13.

Esqueleto

Dentro do corpo humano existem estruturas duras e resistentes, que são os **ossos**. O conjunto de ossos é chamado **esqueleto**. Normalmente, o corpo de um adulto tem 206 ossos.

O esqueleto sustenta o corpo, protege alguns órgãos e possibilita a locomoção. Veja a figura a seguir.

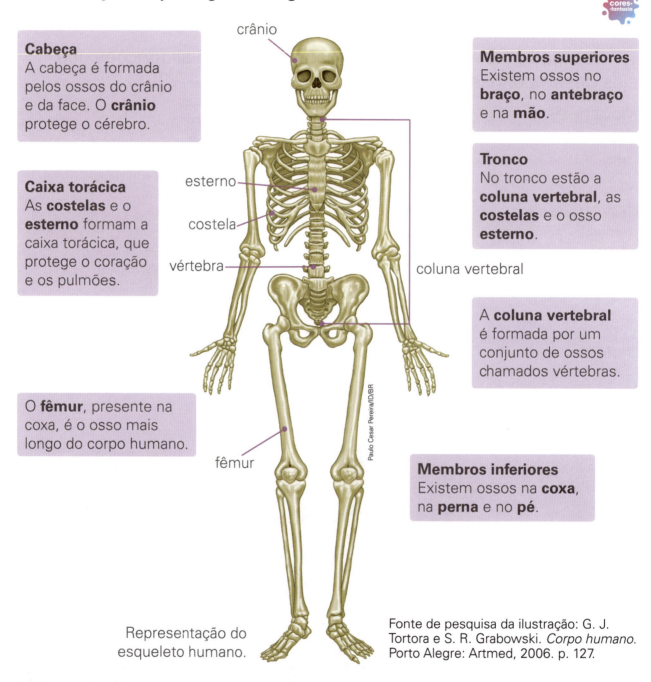

Cabeça
A cabeça é formada pelos ossos do crânio e da face. O **crânio** protege o cérebro.

Caixa torácica
As **costelas** e o **esterno** formam a caixa torácica, que protege o coração e os pulmões.

O **fêmur**, presente na coxa, é o osso mais longo do corpo humano.

Membros superiores
Existem ossos no **braço**, no **antebraço** e na **mão**.

Tronco
No tronco estão a **coluna vertebral**, as **costelas** e o osso **esterno**.

A **coluna vertebral** é formada por um conjunto de ossos chamados vértebras.

Membros inferiores
Existem ossos na **coxa**, na **perna** e no **pé**.

Representação do esqueleto humano.

Fonte de pesquisa da ilustração: G. J. Tortora e S. R. Grabowski. *Corpo humano*. Porto Alegre: Artmed, 2006. p. 127.

1 Quais são as funções desempenhadas pelo esqueleto em nosso corpo?

■ Músculos

Em geral, os músculos estão ligados aos ossos. Os músculos podem se contrair, ficando mais curtos, ou relaxar, voltando ao tamanho inicial. Quando se contraem ou relaxam, os músculos movem os ossos aos quais estão ligados. Assim, músculos e ossos possibilitam os movimentos.

Os **músculos da face** estão relacionados à mastigação e às expressões faciais.

Os **músculos do braço** dobram e esticam o braço.

Os **músculos abdominais** dobram o corpo para a frente.

Os **músculos da perna** esticam e dobram a perna ao andar, correr ou chutar.

Representação de alguns músculos do corpo humano.

Fonte de pesquisa da ilustração: G. J. Tortora e S. R. Grabowski. *Corpo humano*. Porto Alegre: Artmed, 2006. p. 191 e 194.

Veja o que acontece com um dos músculos do braço, o bíceps, durante o movimento representado abaixo.

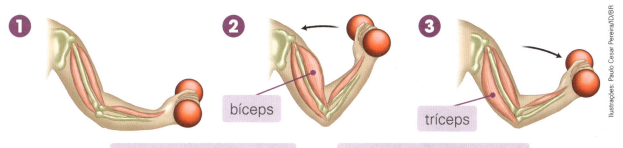

❶

❷ bíceps

Ao levantar o peso, o músculo bíceps se contrai e muda de forma.

❸ tríceps

Ao descer o peso, o músculo bíceps relaxa até voltar ao estado inicial.

2 Considerando o que acontece com o músculo bíceps ao levantar o peso, escreva o que deve acontecer com o músculo tríceps durante esse mesmo movimento.

___

___

Examinando o interior do corpo

Manter a saúde do corpo é muito importante. Quando alguém adoece ou mesmo nas consultas de rotina ao médico, é preciso saber como estão os órgãos internos. Para isso, existem exames e equipamentos que permitem ver as partes internas do corpo.

Por exemplo, a **radiografia**, chamada popularmente "raio X", permite ver ossos e alguns outros órgãos, como os pulmões. A radiografia de um osso é útil para saber se ele está quebrado.

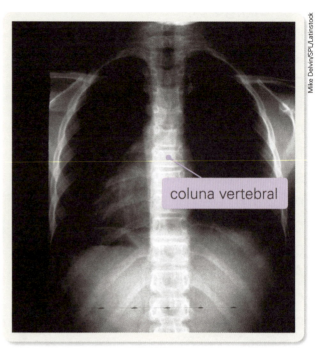

Essa radiografia mostra a coluna vertebral.

Algumas partes do corpo que não aparecem em uma radiografia podem ser vistas na **ultrassonografia**. Esse exame é usado, por exemplo, para observar o bebê dentro da barriga da mãe.

Há também exames que não mostram imagens do corpo, mas permitem saber o que acontece dentro dele.

A **auscultação** consiste em escutar os sons produzidos pelo coração, pelos pulmões e por outros órgãos. Para isso, usa-se um aparelho chamado **estetoscópio**.

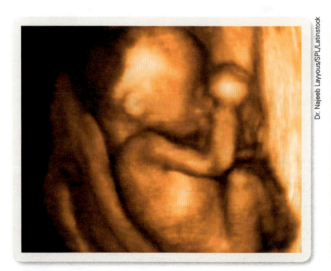

Ultrassonografia mostrando o bebê em desenvolvimento na barriga da mãe.

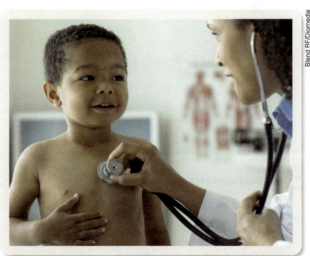

O estetoscópio é colocado sobre o peito ou as costas do paciente durante a auscultação.

1 Leia o texto e responda às questões.

A descoberta dos raios X se deu meio por acaso e causou um grande rebuliço. Era o ano de 1895 e, na Alemanha, enquanto o físico Wilhelm Roentgen trabalhava com um tubo [...], acabou por perceber que a radiação emitida pelo tubo era capaz de atravessar várias substâncias e projetar sombras em outros objetos. [...] o físico viu que a radiação atravessava os tecidos do corpo humano, mas não os ossos.

Radiação: ondas de energia.

Imagine a revolução que deve ter sido descobrir que era possível ver "dentro" do corpo das pessoas! A descoberta se espalhou muito rapidamente e no ano seguinte já foi feita a primeira radiografia no Brasil. [...]

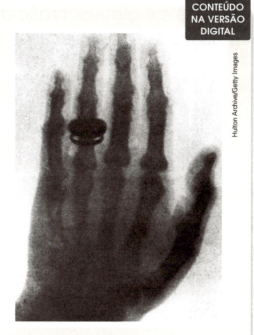

A radiografia que Roentgen fez da mão de sua esposa é considerada a primeira da história e registra o anel que ela usava no dedo.

Raquel Torres. Revista *Poli – Saúde, Educação e Trabalho*. Rio de Janeiro, Fundação Oswaldo Cruz, ano 3, n. 15, jan./fev. 2011. Disponível em: <http://linkte.me/g4l9l>. Acesso em: 18 jan. 2016.

a. O texto afirma que a descoberta de Roentgen foi "meio por acaso". Em sua opinião, o que permitiu que ele fizesse essa descoberta? Converse com os colegas.

b. As imagens abaixo mostram alguns ossos do corpo humano vistos em radiografia. Que partes do corpo são mostradas?

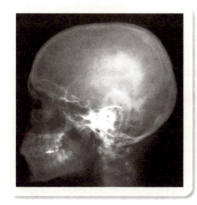 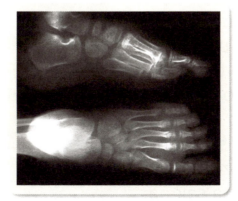 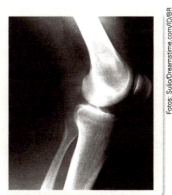

cento e vinte e sete **127**

Revestimento do corpo

A pele é o maior órgão do corpo humano. Ela envolve todo o corpo e desempenha várias funções importantes.

Funções da pele

A pele separa nosso corpo do ambiente em que vivemos. Ela é uma barreira que impede a entrada de microrganismos e também protege o corpo contra os **raios ultravioleta**, um tipo de raio emitido pelo Sol e que pode causar danos à saúde.

Além disso, a pele ajuda a manter a temperatura do corpo e está relacionada ao sentido do tato e à sensação de frio, calor ou dor.

Proteja-se do sol!

Na pele existe uma substância chamada **melanina**, que a protege dos raios ultravioleta. Apesar de invisíveis, esses raios podem provocar queimaduras.

Quando uma pessoa se expõe ao sol, a produção de melanina aumenta e a pele dela fica bronzeada. O aumento na quantidade de melanina protege a pele contra os raios ultravioleta.

Protetor solar, chapéu e óculos escuros ajudam a nos proteger do sol.

Porém, quando a exposição ao sol é excessiva, a melanina não é suficiente para proteger a pele. Por isso, evite tomar sol por tempo prolongado e use protetor solar, chapéu ou boné. E atenção: o protetor solar deve ser aplicado várias vezes ao dia e sempre que a pessoa sair da água ou transpirar muito.

Os protetores solares são classificados por um número chamado **fator de proteção solar** ou FPS. Quanto maior esse número, maior a proteção contra os raios ultravioleta do Sol.

O tato

A pele é o órgão do tato. É por meio desse sentido que percebemos sensações como frio e calor. Com o tato também podemos identificar a textura de um objeto, ou seja, se ele é liso ou áspero, por exemplo.

Pessoas cegas ou com baixa visão usam o tato para identificar as estruturas na maquete.

▪ Cuidados com a pele

Você já sabe que a pele é uma proteção do corpo. Mas ela pode ser danificada por cortes, arranhões ou queimaduras.

Se você se machucar, peça ajuda a um adulto. A primeira coisa a fazer é limpar o local ferido com água e sabão, para evitar a entrada de microrganismos no corpo. Depois, mantenha o ferimento protegido para facilitar o processo de cicatrização.

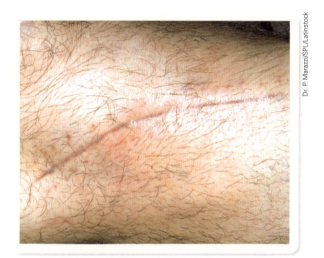

Cortes profundos podem deixar uma marca na pele chamada cicatriz.

➕ SAIBA MAIS

Diferentes tipos de pele

A cor da pele, como a cor dos olhos e dos cabelos, está relacionada à quantidade de melanina. Quanto mais escura a pele, mais melanina ela tem.

A cor da pele, dos cabelos e dos olhos varia de uma pessoa para outra.

■ Anexos da pele

Na pele, a parte que vemos é apenas a superfície. Existem camadas mais profundas, onde estão as raízes dos pelos e das unhas e as glândulas.

Pelos e **unhas** são formados por uma substância chamada queratina, que dá resistência a eles.

Os pelos podem estar presentes por todo o corpo, exceto em certas regiões, como os lábios, as palmas das mãos e as plantas dos pés.

As unhas dão firmeza à ponta dos dedos e permitem coçar o corpo, por exemplo. As unhas dos pés dão mais equilíbrio para andar.

Os cílios protegem os olhos. Os pelos dos supercílios (sobrancelhas) evitam que gotas de suor da testa escorram para dentro dos olhos.

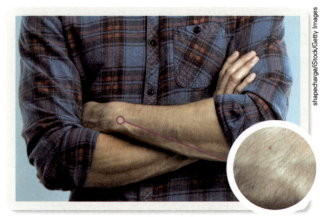

Somente os mamíferos têm pelos. Os pelos do ser humano são mais finos e curtos que os de outros mamíferos.

Quando nosso corpo se aquece, transpiramos pelos poros da pele.

Na pele, existem estruturas chamadas **glândulas**.

Algumas glândulas produzem uma substância oleosa que ajuda a evitar o ressecamento da pele. Outras glândulas produzem o suor, um líquido que ajuda a resfriar o corpo. O suor sai do corpo pelos **poros**, pequenas aberturas que existem na superfície da pele.

1 Se a pele humana fosse totalmente impermeável, o que aconteceria com o suor do nosso corpo?

_____

_____

2 Dê um exemplo de agressão à pele causada pela radiação solar e explique o que pode ser feito para preveni-la.

_____

_____

_____

3 Utilize recortes de revista e jornal para produzir um trabalho semelhante ao da fotomontagem ao lado. Em sua produção, acrescente acessórios úteis na proteção contra os raios ultravioleta.

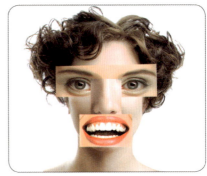

Fotomontagem feita a partir de fotos de várias mulheres.

Fotos: Dreamstime.com/ID/BR (olhos); Erik Reis/Dreamstime.com/ID/BR (pescoço); Kurhan/Dreamstime.com/ID/BR (boca); Valua Vitaly/Dreamstime.com/ID/BR (cabelo); Valua Vitaly/Dreamstime.com/ID/BR (nariz)

cento e trinta e um **131**

Agora já sei!

1 A foto ao lado mostra um médico auscultando um paciente.

a. Que sons ele está ouvindo? Como você sabe?

_____
_____
_____

b. Você já fez um exame como esse? Conte à turma como foi.

2 Os desenhos abaixo mostram o braço de uma mesma pessoa. Observe as datas em cada desenho.

Data: 4 de maio de 2016.

Data: 3 de junho de 2016.

a. Que diferença existe entre os braços mostrados nos dois desenhos?

_____

b. O que pode ter provocado essa diferença?

_____

c. Qual dos desenhos representa a pele com mais melanina? Como você sabe?

_____

d. No desenho à direita, a pele do pulso está mais clara que a pele do resto do braço. Por que isso pode ter acontecido?

_____
_____

3 Complete o quadro usando as frases que estão logo abaixo dele.

Cérebro	
Estômago	
Pulmões	
Coração	

Realiza parte da digestão.   Bombeia o sangue.

Produz as batidas que ouvimos no peito.   Responsável pelos pensamentos.   Recebem o ar que entra no corpo.

Coordena o funcionamento dos demais órgãos.   Dois órgãos localizados no peito.

4 Forme um grupo com mais três colegas e observem as fotografias abaixo.

a. Que sentimentos essas crianças parecem expressar? Justifique sua resposta.
_____
_____

b. Que parte do corpo permite que elas expressem seus sentimentos dessa maneira?
_____

c. Usando expressões faciais, mostre aos colegas sentimentos como medo ou tristeza. Peça a eles que identifiquem o sentimento que você expressou. Depois, será sua vez de identificar as expressões deles.

cento e trinta e três **133**

CAPÍTULO 2 — A saúde das pessoas

Conheça o que faz parte do dia a dia de Renata.

1. Você considera saudáveis todos os hábitos de Renata? Por quê?

_____
_____
_____

2. O que você acha que ela deveria mudar na rotina para ter uma vida mais saudável?

3. Agora você vai pensar em sua própria rotina. No caderno, construa um esquema parecido com a imagem acima. Desenhe você no centro da folha e, ao redor de seu desenho, faça as principais atividades que você executa durante o dia.

4. Analise sua rotina. Quais de seus hábitos não são saudáveis e prejudicam sua saúde? O que você poderia mudar em sua rotina para tornar sua vida mais saudável?

Alimentação saudável

Os alimentos contêm **nutrientes**, isto é, substâncias necessárias para o corpo crescer, se proteger de doenças e ter energia para andar, brincar, estudar e realizar outras atividades. Você precisa comer e digerir os alimentos para obter os nutrientes de que seu corpo necessita.

Esses alimentos são ricos em nutrientes que fornecem energia para o corpo.

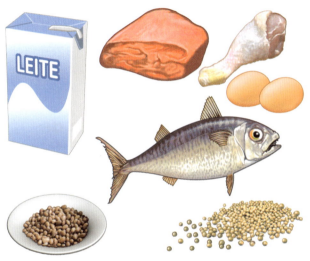

Esses alimentos contêm nutrientes importantes para o crescimento e a manutenção do corpo.

Os alimentos têm nutrientes distintos e em diferentes quantidades. Por isso, a alimentação deve ser variada, isto é, incluir muitos tipos de alimentos, como cereais, frutas, legumes, verduras, carnes, leite e derivados.

Não exagere no consumo de doces, balas e alimentos gordurosos. Em geral, esses alimentos não contêm muitos nutrientes e, se consumidos em excesso, podem prejudicar a saúde.

A **desnutrição** é uma doença causada pela falta de nutrientes. Ela pode afetar pessoas que comem menos alimentos do que precisam ou que não consomem alimentos variados e ricos em nutrientes.

Frutas, verduras e legumes são ricos em nutrientes que ajudam a combater doenças e a manter o bom funcionamento do corpo.

+ SAIBA MAIS

A água: importância e funções

Para se ter uma ideia da importância da água para o nosso organismo, basta uma informação: a água é a responsável por cerca de 70% do nosso peso corporal. Não é por acaso. A água [...] possui inúmeras funções essenciais para o nosso organismo. [...]

[...] Qual é a quantidade de água que devemos tomar a cada dia? Vai depender do clima, da atividade física [...], da **faixa etária** e da dieta seguida por cada um. A recomendação geral é de oito copos de água por dia.

Faixa etária: idade.

A água: importância e funções. Turminha do Ministério Público Federal (MPF). Disponível em: <http://linkte.me/t0ir4>. Acesso em: 1º fev. 2016.

Cuidados com os alimentos

Os alimentos são fundamentais para o corpo, mas podem fazer mal à saúde se estiverem estragados. Por isso, devemos estar atentos ao aspecto e ao cheiro deles.

A embalagem dos alimentos comercializados mostra a **data de validade**, isto é, a data-limite para o consumo do produto. Quando a data de validade já passou, dizemos que o alimento está vencido e não deve ser consumido.

Há rótulos, como o dessa imagem, que indicam a validade a partir da data de fabricação.

Carnes, iogurtes e vários outros alimentos precisam ser guardados em geladeira ou *freezer* até serem consumidos.

@ http://linkte.me/g19za
No *site* Colorindo o prato e movendo o sapato, é possível montar um prato virtual e então saber como tornar sua dieta mais equilibrada e saudável.

Origem dos alimentos

Você já sabe que os animais podem alimentar-se de plantas ou de outros animais. O ser humano consome tanto partes de plantas quanto de animais.

Os alimentos de **origem vegetal** incluem grãos (como arroz, feijão, soja, milho), farinhas, folhas, frutos, óleos vegetais, margarinas, açúcar, entre outros. Esses alimentos são a base da alimentação de muitas pessoas em todo o mundo.

Carne, ovos e leite são alimentos de **origem animal**. Manteiga e queijo também pertencem a esse grupo, porque são derivados do leite, isto é, são feitos a partir do leite.

Também existem alimentos de **origem mineral**, como o sal. Esses alimentos não são feitos de seres vivos. No Brasil, o sal é extraído da água do mar.

Salina: local em que o sal é separado da água do mar.

Salina em Araruama, Rio de Janeiro, em 2013.

1 No caderno, faça uma lista com cinco alimentos de que você gosta. Depois, responda às questões.

a. Eles são de origem vegetal ou animal?

b. Em sua opinião, eles fazem parte de um cardápio saudável?

2 Observe a figura ao lado.

a. Separe os ingredientes desse alimento de acordo com a origem.

b. Que cuidados você deve ter antes de comprar esse alimento?

Higiene, sono e lazer

Além de cuidar da alimentação, também é importante ter hábitos de higiene, dormir o suficiente e realizar atividades de lazer. Todas essas atitudes promovem o bem-estar do corpo e da mente.

Ter **hábitos de higiene** é uma forma de cuidar da saúde e evitar doenças. Veja abaixo alguns hábitos simples relacionados à limpeza do corpo que ajudam você a se manter saudável.

Tomar banho diariamente e lavar os cabelos.

Escovar os dentes depois das refeições e antes de dormir.

Manter as unhas limpas e cortadas.

Lavar as mãos depois de ir ao banheiro e também antes de comer ou pegar em alimentos.

Ilustrações: Giz de Cera/Tel Coelho/ID/BR

Fique atento também às seguintes dicas para evitar cáries.

- Evitar a ingestão de alimentos açucarados [...].
[...]
- Limpar os dentes de maneira adequada, utilizando escova, fio dental e pasta de dente com flúor.
[...]
A limpeza deve ser realizada sempre após as principais refeições e antes de dormir.
- É importante visitar seu dentista regularmente [...].

Cáries e gengivites. Sociedade Brasileira de Medicina de Família e Comunidade. Disponível em: <http://linkte.me/dc5bc>. Acesso em: 21 jan. 2016.

Não basta cuidar da higiene do corpo. Lavar frutas, verduras e legumes e manter a casa limpa também são hábitos importantes para evitar doenças.

Durante o **sono**, o corpo descansa. Além disso, certas substâncias que ajudam no desenvolvimento e crescimento do corpo são produzidas enquanto dormimos. Pessoas que dormem pouco ficam doentes com mais facilidade e têm dificuldade de se concentrar.

+ SAIBA MAIS

Dormir bem é fundamental em qualquer idade. [...]
Em cada fase da vida é necessária uma determinada quantidade de sono para manter a saúde. Os recém-nascidos são os mais dorminhocos – podem dormir até 16 horas por dia. A partir dos dois anos, a criança dorme aproximadamente 12 horas e aos cinco o ideal é ter 10 horas de sono. Dos sete aos 10 anos é recomendado reservar, no mínimo, 9 horas para dormir. A partir dos 10 anos, oito horas são o suficiente para suprir a necessidade de sono do organismo. [...]

Distúrbios do sono comprometem desenvolvimento infantil. Toda Comunicação. Disponível em: <http://linkte.me/hvo23>. Acesso em: 21 jan. 2016.

Além do bem-estar físico, a saúde inclui o bem-estar mental.
Para cuidar da mente, precisamos de **lazer**, ou seja, de atividades que sejam prazerosas, como brincar, ouvir música e encontrar amigos.

Brincar com os amigos é um tipo de cuidado com o bem-estar mental.

1 Cite dois hábitos de higiene que você considera importantes. Quais benefícios eles trazem?

_____
_____
_____
_____

Saúde coletiva

Você já conhece algumas atitudes que ajudam a cuidar de sua saúde. Mas há também atitudes que ajudam a cuidar da saúde coletiva, isto é, da saúde de todas as pessoas de uma região.

O governo é um dos responsáveis por ações que buscam manter a saúde coletiva, como o tratamento da água e a realização de campanhas de prevenção a doenças.

▪ Vacinas

Algumas doenças podem ser evitadas com a aplicação de vacinas. Existe uma lista de vacinas, fornecidas de graça pelo governo, que todas as pessoas devem tomar.

As primeiras vacinas são aplicadas nos primeiros meses após o nascimento. Algumas devem ser tomadas novamente, ao longo da vida. Por exemplo, a vacina contra a paralisia infantil é aplicada aos 2, 4, 6 e 15 meses de idade. Crianças menores de 5 anos devem ser vacinadas nos dias da Campanha Nacional de Vacinação contra a poliomielite.

A tabela abaixo mostra as vacinas que devem ser tomadas entre 4 e 10 anos de idade.

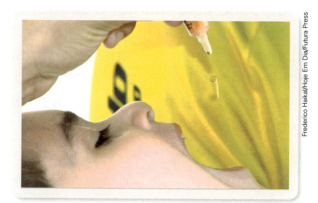

Algumas vacinas, como a vacina contra a paralisia infantil, são aplicadas em gotas.

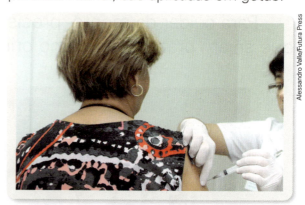

Há também vacinas injetáveis. Os idosos, por exemplo, devem ser vacinados contra a gripe e a pneumonia, cujas vacinas são injetáveis.

Idade	Vacina	Doença evitada
4-6 anos	DTP (tríplice bacteriana)	Difteria, tétano e coqueluche
4-6 anos	SRC (tríplice viral)	Sarampo, rubéola e caxumba
10 anos	Vacina contra a febre amarela*	Febre amarela

*A vacina contra a febre amarela é aplicada somente em pessoas que moram onde ocorre a doença ou viajam para esses locais. Fonte de pesquisa: Portaria n. 1 498, de 19 de julho de 2013.

■ Campanhas de prevenção a doenças

As campanhas de prevenção ensinam o que as pessoas podem fazer para evitar uma doença. Essas campanhas são muito importantes e o sucesso delas depende da colaboração da população.

1 O cartaz ao lado faz parte de uma campanha de prevenção contra a dengue.

a. O cartaz informa que a água não pode ficar parada. Por quê?

_____

b. Por que você também não pode ficar parado?

_____

c. Que medidas devem ser tomadas para evitar essa doença?

_____

d. Participe do combate à dengue, investigando se em sua casa vocês estão seguindo as medidas recomendadas no cartaz. Converse também com seus vizinhos sobre as atitudes corretas e alerte-os quanto às situações inadequadas.

⊕ SAIBA MAIS

O mosquito transmissor da dengue também é responsável pela transmissão de duas outras doenças: zika e chikungunya.

Por isso, campanhas contra a dengue que combatem o mosquito acabam diminuindo os casos das três doenças.

Agora já sei!

1 As figuras abaixo mostram alguns cuidados que devemos ter com a higiene do corpo.

Marina Baird Ferreira e outros. *O Aurélio com a Turma da Mônica*. Ilustrações de Mauricio de Sousa. Rio de Janeiro: Nova Fronteira, 2003. p. 32.

a. Que hábito de higiene é representado em cada ilustração?

_____

_____

b. Converse com os colegas. Além da higiene, que outros cuidados devemos tomar para manter a saúde?

2 Leia o texto abaixo.

> A vacinação não apenas protege aqueles que recebem a vacina, mas também ajuda a comunidade como um todo. Quanto mais pessoas de uma comunidade ficarem protegidas, menor é a chance de qualquer uma delas – vacinada ou não – ficar doente.

Cristiana Toscano e Lígia Kosim. *Cartilha de vacinas*: para quem quer mesmo saber das coisas. Brasília: Organização Pan-Americana de Saúde, 2003. p. 7.

a. Cite três exemplos de doenças que podem ser evitadas por vacinas.

_____

b. A vacinação é considerada uma medida de saúde coletiva. Sublinhe o trecho do texto que mostra isso.

3 As fotografias abaixo mostram diversos alimentos.

Imagens sem proporção de tamanho entre si.

Arroz. Feijão. Alface. Goiabada. Sal. Frango. Suco de laranja. Água. Queijo. Leite.

■ Escolha alguns dos alimentos acima para compor as seguintes refeições:

a. almoço com três alimentos de origem vegetal, um alimento de origem animal e um alimento de origem mineral.

_____

_____

b. uma sobremesa em que um alimento seja de origem animal e outro seja de origem vegetal.

_____

c. jantar sem alimentos de origem animal.

_____

_____

4 Forme dupla com um colega e respondam às perguntas abaixo.

a. Analisando o quadro da página 139, conversem e verifiquem se vocês estão dormindo a quantidade de horas adequada para a idade de vocês.

b. Vocês gostam das mesmas atividades? Na opinião de vocês, todas as pessoas se divertem da mesma maneira?

Saber Ser

CAPÍTULO 3 — Saneamento e saúde

[...] Para nossos antepassados, água costumava ser um problemão [...]. Isso porque [...] os únicos instrumentos que os homens tinham para determinar se a água estava boa ou não para o consumo eram o olho e o paladar. E parecia óbvio que água clara e sem sabores estranhos era **sinônimo** de água limpa. O problema é que muitos organismos **nocivos** ao ser humano não mudam nem a cor nem o gosto da água. [...]

Quando finalmente alguém achava um rio ou nascente confiável, aparecia outro problema: transportar a água até as casas. [...]

Sinônimo: que tem significado parecido.
Nocivo: que faz mal.

Observação da água a olho nu.

Atualmente, a qualidade da água pode ser analisada em laboratórios especializados.

Bárbara Soalheiro. *Como fazíamos sem...* São Paulo: Panda Books, 2011.

1 Você conhece o significado da palavra **saneamento**? Converse com os colegas e o professor e utilize o dicionário, se for preciso.

2 Em sua opinião, o que é água boa para consumo?

3 Por que não basta olhar ou provar a água para saber se ela pode ou não ser bebida?

4 Responda a esta questão proposta pelo texto: Como a água dos rios chega até as casas?

5 Além da água tratada, que outras medidas de saneamento são necessárias para que os moradores das cidades vivam com saúde?

Água e saneamento básico

O **saneamento básico** é um conjunto de ações do governo para garantir condições de saúde à população, como o tratamento da água distribuída para as pessoas, a coleta de lixo e de esgoto, e o tratamento do esgoto coletado.

▪ De onde vem a água que usamos?

A água que chega às casas é obtida de mananciais, que são grandes reservatórios de água. Os reservatórios podem ficar na superfície, como lagos, rios e **açudes**, ou abaixo do solo, como é o caso das águas subterrâneas. A água retirada de poços é um exemplo de água subterrânea.

> **Açude:** lago construído pelos seres humanos para conter a água de um rio; represa.

Açude na cidade de Campina Grande, Paraíba. Foto de 2012.

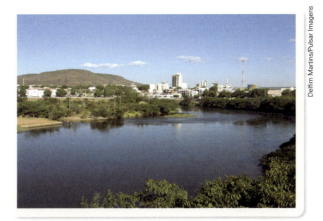

Rio Grande, na cidade de Barreiras, Bahia. Foto de 2013.

Atualmente, um dos principais problemas de saneamento é a poluição dos mananciais que fornecem água para as grandes cidades.

A construção irregular de moradias próximas aos reservatórios provoca a contaminação da água. O lixo e o esgoto sem tratamento dessas casas são despejados diretamente no manancial.

Lixo acumulado na margem do rio Amazonas. Foto de 2012.

O caminho da água até as casas

A água retirada dos mananciais deve ser tratada antes de chegar aos locais onde é consumida.

Mesmo a água que parece ser limpa pode conter microrganismos causadores de doenças. Por isso, ela passa por **estações de tratamento de água**, onde se torna **potável**, ou seja, própria para consumo.

Siga os números na figura abaixo e acompanhe o caminho que a água percorre do manancial até as casas de uma cidade.

Imagens sem proporção de tamanho entre si.

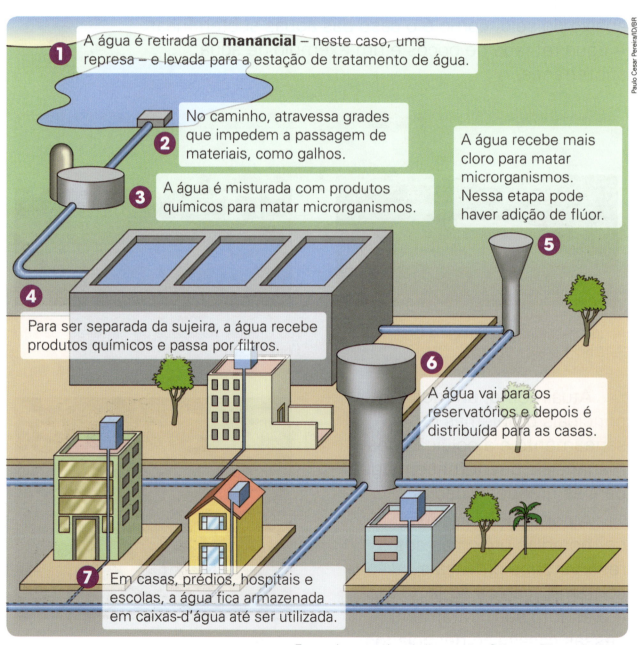

1. A água é retirada do **manancial** – neste caso, uma represa – e levada para a estação de tratamento de água.
2. No caminho, atravessa grades que impedem a passagem de materiais, como galhos.
3. A água é misturada com produtos químicos para matar microrganismos.
4. Para ser separada da sujeira, a água recebe produtos químicos e passa por filtros.
5. A água recebe mais cloro para matar microrganismos. Nessa etapa pode haver adição de flúor.
6. A água vai para os reservatórios e depois é distribuída para as casas.
7. Em casas, prédios, hospitais e escolas, a água fica armazenada em caixas-d'água até ser utilizada.

Fonte de pesquisa da ilustração: Sabesp. Disponível em: <http://linkte.me/zmhb3>. Acesso em: 6 maio 2016.

▪ O caminho do esgoto

A água que sai de uma casa está misturada com sujeira, sabão, produtos de limpeza, fezes e urina. Essa mistura é o esgoto doméstico.

É preciso tratar o esgoto antes de despejá-lo em rios ou no mar. Nas **estações de tratamento de esgoto**, a maior parte das impurezas é removida da água.

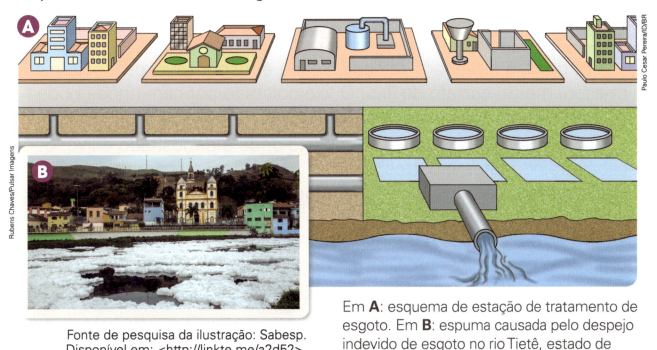

Fonte de pesquisa da ilustração: Sabesp. Disponível em: <http://linkte.me/a2d52>. Acesso em: 6 maio 2016.

Em **A**: esquema de estação de tratamento de esgoto. Em **B**: espuma causada pelo despejo indevido de esgoto no rio Tietê, estado de São Paulo, em 2013.

Em muitas cidades, o esgoto não recebe tratamento. Ao ser despejado em rios ou no mar, ele polui a água e pode matar peixes e plantas. A água contaminada por esgoto não deve ser usada para consumo, pois pode causar doenças.

1 Por que a água precisa ser tratada antes de ser consumida?

_____
_____

2 O que acontece com a água de rios, lagos e mares que recebem esgoto não tratado?

_____
_____

Lixo e saneamento básico

Assim como o consumo de água não potável e a ausência de rede de coleta de esgoto, o acúmulo de lixo também é um problema de falta de saneamento básico.

▬ Para onde vai o lixo?

Lixo é qualquer **resíduo** produzido pelas atividades humanas. Ele deve ser coletado e armazenado adequadamente para evitar doenças.

Resíduo: resto.

Em geral, a prefeitura de cada cidade é responsável pela coleta e armazenamento correto do lixo. O lixo coletado por caminhões pode ser levado para lixões ou aterros sanitários.

Os **lixões** são terrenos a céu aberto onde é depositado o lixo, que acaba atraindo ratos e outros animais que podem transmitir doenças. Com o tempo, parte do lixo se transforma em **chorume**. O chorume é um líquido escuro e tóxico que penetra no solo e pode contaminá-lo, bem como contaminar os reservatórios de água subterrâneos.

Os **aterros sanitários** são terrenos preparados para receber o lixo. Nesses locais, o lixo é enterrado. Antes de começar a ser usado, o terreno é coberto com um material plástico que evita que o chorume contamine o solo e a água.

Aterro sanitário em Nazária, Piauí. Foto de 2015.

1 O trabalho do profissional da foto ajuda a diminuir a quantidade de lixo nas cidades.

a. Qual é a profissão dele e o que ele faz?

_____
_____

b. Converse com os colegas: Esse trabalho é importante?

■ Falta de saneamento básico

Nos locais sem saneamento básico, as pessoas correm mais risco de contrair doenças como disenteria e verminoses. Isso acontece porque a população entra em contato com água, lixo e esgoto contaminados com seres vivos que causam essas doenças.

Tratamento caseiro de água

A água que bebemos sempre deve ser filtrada antes de ser consumida. Em locais onde não existem estações de tratamento de água é fundamental tratá-la em casa: a água deve ser fervida por 15 minutos ou misturada com cloro, distribuído em postos de saúde.

2 Leia este trecho de uma notícia e responda à questão.

Metade dos municípios brasileiros [...] deposita seus resíduos em lixões a céu aberto, de acordo com um levantamento divulgado [em 20 de agosto de 2010] pelo Instituto Brasileiro de Geografia e Estatística (IBGE). [...]

[...]

A forma correta de destinação dos resíduos sólidos são os aterros sanitários, mas somente 27,7% dos municípios os utilizam. [...] A coleta seletiva de lixo, que também evita o prejuízo ao meio ambiente, ainda não era feita em 82% dos municípios brasileiros. [...]

Lixão em Paudalho, Pernambuco, em 2014.

Metade dos municípios deposita resíduos em lixões a céu aberto. *Veja*, 20 ago. 2010.
Disponível em: <http://linkte.me/f60j9>. Acesso em: 22 jan. 2016.

■ Você sabe qual é o destino do lixo produzido em sua cidade?

_____

_____

3 Por que a falta de saneamento básico está relacionada ao aparecimento de algumas doenças? Converse com os colegas.

Usar menos água, produzir menos lixo

Algumas atitudes simples podem melhorar a qualidade de vida das pessoas e diminuir os danos causados ao ambiente.

▪ Reduzindo o desperdício de água

A água que sai da torneira de uma casa foi retirada de um manancial, tratada e distribuída. Esses processos, além de modificarem o ambiente natural, levaram tempo e custaram dinheiro.

Muitos litros de água potável são perdidos todos os dias. Quando escovamos os dentes com a torneira aberta, por exemplo, a água tratada escoa pelo ralo e vira esgoto, sem ter sido realmente usada. Por isso, é preciso fechar a torneira enquanto escovamos os dentes. Veja outras atitudes para evitar o desperdício de água.

Banheiro

Não jogue lixo no vaso sanitário nem dê descarga sem precisar.

Não deixe a torneira pingando.

Diminua o tempo do banho e feche o chuveiro enquanto se ensaboa.

Área de serviço

A água da lavagem das roupas já tem sabão e pode ser usada para lavar pisos ou calçadas.

Quintais e calçadas

Usar mangueira para lavar pisos gasta muita água. Prefira varrer ou usar a água da lavagem da roupa.

Cozinha

A torneira deve ficar fechada enquanto a louça é ensaboada.

Reduzindo o lixo

A quantidade de lixo produzida diariamente no planeta é enorme. Isso causa diversos problemas ambientais e de saúde.

Todos nós podemos contribuir para mudar essa realidade. Existem três atitudes, chamadas **3 Rs**, que ajudam a diminuir os problemas causados pelo lixo:

- **R**eduzir a quantidade de lixo produzida.
- **R**eutilizar objetos e embalagens que seriam jogados fora.
- **R**eciclar materiais como papel, metal, vidro e alguns tipos de plástico. Para que a reciclagem seja feita, esses materiais devem ser separados do resto do lixo.

Algumas embalagens têm um símbolo que indica que são feitas de material reciclável.

Depois de separados, os materiais recicláveis devem ser encaminhados para a coleta seletiva.

1 O que você faz para reduzir a quantidade de lixo que produz?

_____

_____

2 Entre as ações que aprendeu agora, quais você é capaz de colocar em prática na escola ou em casa para diminuir o desperdício de água?

_____

_____

Agora já sei!

1 A figura ao lado mostra alguns itens que foram jogados no lixo.

a. Contorne o objeto que não foi completamente utilizado.

b. Quais desses objetos podem ser reciclados? Em que coletor eles devem ser colocados?

_____
_____
_____

2 Observe as informações sobre Ana e Maria.

Para pensar durante o banho!
Ana e Maria demoram o mesmo tempo tomando banho: 15 minutos.

a. Observe os relógios que marcam o consumo de água. Quem gastou menos água? Como você chegou a essa conclusão?

_____
_____

b. Nesse caso, tomar banho com o chuveiro fechado economiza quantos litros de água?

c. Converse com os colegas: É muito difícil economizar água?

3 O desenho abaixo representa parte do encanamento de uma casa.

a. Pinte com lápis de cor azul o encanamento que leva a água tratada para a casa e com lápis verde o que leva a água usada, que sai da casa.

b. Contorne a caixa-d'água na figura.

c. De onde vem a água representada em azul?

_____

d. Que nome recebe a água representada em verde? Para onde ela vai?

_____

_____

_____

4 Em relação ao local onde você mora, converse com sua família e responda às questões.

a. Em que dias e horário o lixo é coletado?

b. A água e o esgoto são tratados? Há algum córrego ou rio contaminado por esgoto na região?

c. Existem boas condições de saneamento básico? O que pode ser melhorado?

Vamos fazer!

Remoção de impurezas

Com três colegas, faça a atividade e entenda como a água fica limpa.

Atividade 1

Do que vocês vão precisar

- 1 copo com água misturada a terra e folhas secas
- 1 copo plástico transparente
- 1 copo de areia fina
- 1 copo de cascalho ou pequenas pedras
- 1 copo de carvão moído (peçam a um adulto que quebre os pedaços de carvão com um martelo de carne)
- 1 garrafa de plástico transparente de 2 litros (peçam a um adulto que corte o fundo da garrafa)
- 1 chumaço de algodão

Como fazer

1. Coloquem o algodão no gargalo da garrafa. **Atenção:** durante a atividade, tomem cuidado para não se ferirem com a borda da garrafa.

2. Virem a garrafa com o gargalo para baixo. Coloquem dentro dela uma camada de carvão, uma de areia e uma de cascalho, nessa ordem.

cascalho
areia
carvão

3. Abram uma torneira e deixem a água escorrer dentro da garrafa, até que ela saia limpa (use a água que sair pelo gargalo para regar uma planta, por exemplo).

4. Segure a garrafa sobre o copo vazio, sem encostá-los. Um dos colegas vai derramar lentamente a água com terra e folhas secas dentro da garrafa. **Atenção:** a água que sai da garrafa não é potável e não deve ser bebida.

Ilustrações: Hiroe Sasaki/ID/BR; Cecília Iwashita (mãos)

Vamos fazer o registro

1 Como ficou a água com terra e folhas secas depois de passar pela garrafa? O que aconteceu com a terra? E com as folhas?

_____
_____

Atenção!

A água que sai da garrafa não é potável e não deve ser bebida, mas pode ser usada para regar plantas.

A sensibilidade da pele

Que tal descobrir se a pele é mais sensível em certas áreas do corpo que em outras? Junte-se a um colega e façam o teste!

Atividade 2

Do que você vai precisar

- dois lápis apontados
- fita adesiva

Como fazer

1. Juntem os dois lápis mantendo as pontas na mesma altura, como mostrado na foto. Usem a fita adesiva para unir os lápis.

Atenção!
Cuidado para não ferir a pele com a ponta dos lápis!

2. Com muito cuidado, toquem diferentes partes do corpo do colega com as pontas dos lápis: as costas, os braços, as mãos, as pernas, os pés, as bochechas. Prestem atenção: Vocês sentem as duas pontas dos lápis ou apenas uma?

Vamos fazer o registro

Complete a tabela abaixo com as partes do corpo tocadas e suas sensações.

Partes do corpo	Quantas pontas de lápis sentiu?

1 Qual sensação indica maior sensibilidade da pele: sentir uma ou duas pontas de lápis?

2 Consulte a tabela que vocês preencheram e respondam: Quais partes do corpo testadas são mais sensíveis?

3 Você imaginava que certas áreas do corpo fossem mais sensíveis?

O que aprendi?

1 Ao brincar em uma praça perto de casa, Raul encontrou lixo espalhado pelo chão. Veja na foto abaixo alguns objetos que ele encontrou.

a. Que problema pode ser causado por essa situação?

_____
_____
_____

Foto que Raul tirou da praça.

b. O que você faria para evitar esse tipo de problema?

_____
_____
_____

2 Descubra no texto abaixo como lavar bem as mãos.

> A OMS (Organização Mundial da Saúde) [...] **enfatiza** que a higienização adequada envolve de 15 a 20 segundos só de esfrega-esfrega. OK, você não precisa olhar no relógio. A entidade ensina que basta cantar "Parabéns a você" duas vezes seguidas (não precisa incluir "é pique, é pique"). [...]
> [...] saiba que, além de caprichar no sabão (a ponto de espalhar espuma por toda a superfície das mãos), é preciso esfregar muito bem entre os dedos [...] e, se possível, lavar também os pulsos.

Enfatizar: dar destaque.

Tatiana Pronin. Lavagem das mãos deve durar dois "Parabéns a você", diz OMS. Uol Ciência e Saúde. Disponível em: <http://linkte.me/t88ef>. Acesso em: 22 jan. 2016.

■ Por que é preciso lavar as mãos?

_____
_____
_____

3 Leia este texto e depois responda às questões.

> Alguma vez você parou para pensar em como é estranho que tudo o que a gente compra seja embrulhado ou colocado em sacolas ou sacos?... Mesmo quando se trata de apenas um artigo, como um bombom... ou um pacote de batatas fritas. Um saco dentro de outro... [...]
> - Na próxima vez que comprar alguma coisa pequena, diga ao caixa que não precisa de saco. [...]
> - É o máximo levar um saco quando for às compras. Use um saco de papel ou de plástico, que você tenha guardado de uma compra anterior. Ou, então, leve uma sacola de pano ou mochila [...].

The Earth Works Group. *50 coisas simples que as crianças podem fazer para salvar a Terra*. Rio de Janeiro: José Olympio, 2010. p. 84.

a. O texto incentiva atitudes relacionadas a quais dos 3 Rs?

_____

b. Sublinhe o trecho que cita um exemplo de reutilização.

4 As atividades físicas desenvolvem e fortalecem os músculos, mantendo-os saudáveis.

- Escolha duas atividades físicas praticadas por você. Escreva no caderno um pequeno texto sobre elas. Inclua imagens dessas atividades físicas.

5 Observe ao lado a radiografia do paciente que chegou ao hospital.

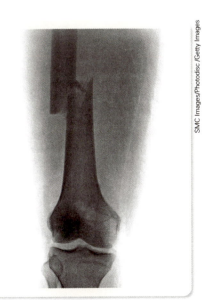

a. O que houve com o paciente?

_____
_____

b. Converse com os colegas: Essa situação já aconteceu com você? Como você se machucou? Qual foi o tratamento recomendado pelo médico?

Sugestões de leitura

Unidade 1

Alberto: do sonho ao voo, de José Roberto Luchetti. Editora Scipione.
Esse livro conta a vida do inventor brasileiro Alberto Santos-Dumont, desde sua infância até o voo do 14-Bis.

Meu 1º Larousse das descobertas. Editora Larousse Júnior.
O livro está organizado em cinco grandes temas com informações variadas e jogos. Você vai ler sobre plantas e animais, Universo, História, Matemática e contos de fadas, e vai se divertir enquanto aprende.

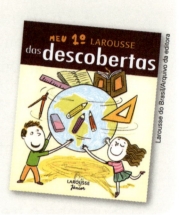

Unidade 2

Plantas do Brasil, de Gabriela Brioschi. Editora Odysseus.
Acompanhe as descobertas de Flora, uma menina apaixonada por plantas. Você conhecerá uma planta brasileira para cada letra do alfabeto.

Linéia no jardim de Monet, de Christina Björk. Editora Salamandra.
Lineia e Silvestre visitam a casa, os jardins e a cidade onde viveu o pintor francês Claude Monet. Nessa viagem, descobrem uma grande variedade de plantas que serviram de inspiração para as obras de arte.

Unidade 3

Diário de um papagaio – uma aventura na Mata Atlântica, de Lalau e Laurabeatriz. Cosac Naify.

Acompanhando o papagaio-de-cara-roxa na tentativa de reencontrar seu bando, é possível conhecer mais sobre as plantas, os animais e os riscos que fazem parte da vida na Mata Atlântica.

Chico Cambeva no fundo do martelo, de Joaquim de Almeida. Companhia das Letrinhas.

Ao fisgar um tubarão martelo sem querer, o pescador Chico inicia uma grande aventura nas profundezas do oceano. Durante o caminho, percebe a necessidade de preservar o mar e seus seres.

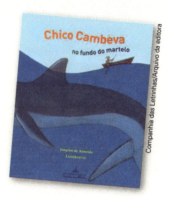

Unidade 4

O pequeno chef, de Nicola Graimes. Editora Publifolha.

Você vai conhecer melhor os alimentos e vai aprender receitas deliciosas e fáceis de fazer.

O homem de água e sua fonte, de Ivo Rosati e Gabriel Pacheco. Edições SM.

De uma torneira que alguém esqueceu aberta, nasce um homem de água. Acompanhe o caminho que ele percorre até encontrar um lugar para ficar.

Bibliografia

BARNES, R. D.; RUPPERT, E. E.; FOX, R. S. *Zoologia dos invertebrados*. 7. ed. São Paulo: Roca, 2005.

BRASIL. Ministério da Educação. Conselho Nacional de Educação. *Diretrizes curriculares nacionais para o ensino fundamental de 9 (nove) anos*. Parecer CNE/CEB n. 11/2010. Brasília: CNE-CEB-MEC (versão aprovada em 7 jul. 2010).

_____. Secretaria de Educação Fundamental. *Parâmetros curriculares nacionais*: Ciências Naturais. 2. ed. Rio de Janeiro: DP&A, 2000.

_____. Secretaria de Educação Fundamental. *Parâmetros curriculares nacionais*: Meio ambiente e Saúde. 2. ed. Rio de Janeiro: DP&A, 2000.

_____. Secretaria de Educação Fundamental. *Parâmetros curriculares nacionais*: Pluralidade cultural. 2. ed. Rio de Janeiro: DP&A, 2000.

_____. Ministério do Planejamento, Orçamento e Gestão. Instituto Brasileiro de Geografia e Estatística (IBGE). *Atlas de saneamento*. Rio de Janeiro: IBGE, 2011.

CAMPOS, M. C. C.; NIGRO, R. G. *Teoria e prática em Ciências na escola*: o ensino-aprendizagem como investigação. São Paulo: FTD, 2009.

CARVALHO, A. M. P. de. *Ciências no Ensino Fundamental*: o conhecimento físico. São Paulo: Scipione, 2009.

CARVALHO, I. S. *Paleontologia*. 3. ed. Rio de Janeiro: Interciência, 2010.

DELIZOICOV, D.; ANGOTTI, J. A.; PERNAMBUCO, M. M. *Ensino de Ciências*: fundamentos e métodos. 3. ed. São Paulo: Cortez, 2009.

FARIA, R. P. *Fundamentos da Astronomia*. 10. ed. Campinas: Papirus, 2009.

FUNDAÇÃO NICOLAS HULOT. *Ecoguia*: guia ecológico de A a Z. São Paulo: Landy, 2008.

GASPAR, A. *Experiências de Ciências para o Ensino Fundamental*. São Paulo: Ática, 2005.

GOMES, M. V. *Educação em rede*: uma visão emancipadora. São Paulo: Cortez-Instituto Paulo Freire, 2004.

HEWITT, P. G. *Física conceitual*. 11. ed. São Paulo: Bookman, 2011.

JOLY, A. B. *Botânica*: introdução à taxonomia vegetal. São Paulo: Companhia Editora Nacional, 1993.

LORENZI, H. *Árvores brasileiras*. Nova Odessa: Instituto Plantarum, 2009.

_____; SOUZA, H. M. *Plantas ornamentais no Brasil*. Nova Odessa: Instituto Plantarum, 2008.

NEVES, D. P. et al. *Parasitologia humana*. 12. ed. Rio de Janeiro: Atheneu, 2011.

NICOLINI, J. *Manual do astrônomo amador*. 4. ed. Campinas: Papirus, 2004.

ODUM, E. P. *Ecologia*. Rio de Janeiro: Guanabara Koogan, 2009.

_____; BARRETT, G. W. *Fundamentos de ecologia*. São Paulo: Cengage Learning, 2007.

PERRENOUD, P. *As competências para ensinar no século XXI*. Porto Alegre: Artmed, 2007.

PRESS, F. et al. *Para entender a Terra*. 4. ed. São Paulo: Bookman, 2006.

RAVEN, P. H.; EVERT, R. F.; EICHHORN, S. E. *Biologia vegetal*. 7. ed. Rio de Janeiro: Guanabara Koogan, 2007.

REES, M. (Org.). *Universe*. Londres: Dorling Kindersley, 2012.

RIBEIRO-COSTA, C. S.; ROCHA, R. M. (Org.). *Invertebrados*: manual de aulas práticas. 2. ed. Ribeirão Preto: Holos, 2006.

RICKLEFS, R. E. *A economia da natureza*. 6. ed. Rio de Janeiro: Guanabara Koogan, 2010.

SCHMIDT-NIELSEN, K. *Fisiologia animal*: adaptação e meio ambiente. 5. ed. São Paulo: Santos Editora, 2002.

SICK, H. *Ornitologia brasileira*. Rio de Janeiro: Nova Fronteira, 2001.

SOBOTTA, J. *Atlas de anatomia humana*. 22. ed. Rio de Janeiro: Guanabara Koogan, 2006. v. 1 e 2.

SOCIEDADE BRASILEIRA DE ANATOMIA. *Terminologia anatômica*. Barueri: Manole, 2001.

TEIXEIRA, W. (Org.). *Decifrando a Terra*. 2. ed. São Paulo: Ibep-Nacional, 2008.

TORTORA, G. J.; GRABOWSKI, S. R. *Corpo humano*: fundamentos de anatomia e fisiologia. 8. ed. Porto Alegre: Artmed, 2012.

VANCLEAVE, J. P. *Astronomy for every kid*. Nova York: John Wiley & Sons, 1991.

WINSTON, R. *Body*: an amazing tour of human anatomy. Londres: Dorling Kindersley, 2005.

ZABALA, A. *A prática educativa*. Porto Alegre: Artmed, 1998.

Destacar

Páginas 8 e 9 › Atividade de abertura da unidade 1

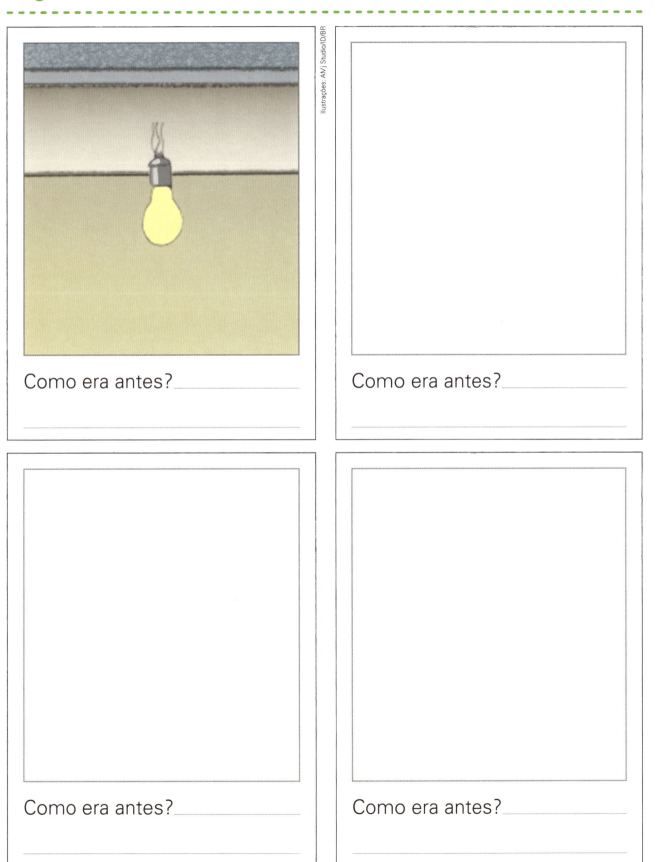

Como era antes? _____

Como era antes? _____

Como era antes? _____

Como era antes? _____

Destacar

Página 95 › **Atividade 3: Jogo dos vertebrados**

Destacar

Página 95 › **Atividade 3: Jogo dos vertebrados**

Destacar

Página 95 › **Atividade 3: Jogo dos vertebrados**

cento e sessenta e sete

Destacar e colar

Página 59 › Atividade 1

Páginas 82 e 83 › Atividade de abertura da unidade 3

  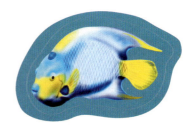

cento e sessenta e nove

Destacar e colar

Páginas 82 e 83 › **Atividade de abertura da unidade 3**

cento e setenta e um **171**